마셜 로젠버그의 Q&A 세션

분노의
놀라운 목적

분노의 놀라운 목적

마셜 로젠버그의 Q&A 세션

발행 2017년 8월 21일 초판 1쇄
　　　2023년 8월 21일 초판 4쇄

지은이 마셜 B. 로젠버그
옮긴이 정진욱
펴낸이 캐서린 한
펴낸곳 한국NVC출판사

등록 2008년 4월 4일 제300-2012-216호
주소 (03702) 서울특별시 서대문구 연희로15길 78, 2층(연희동)
전화 02-3142-5586 **팩스** 02-325-5587
이메일 book@krnvc.org

ISBN 979-11-85121-13-0 04180
ISBN 979-11-85121-12-3(세트)

* 값은 뒤표지에 있습니다.
* 잘못 만든 책은 바꾸어 드립니다.

비폭력대화(NVC)
작은책 시리즈
05

마셜 B. 로젠버그 지음
정진욱 옮김

마셜 로젠버그의 Q&A 세션

분노의
놀라운 목적

The Surprising Purpose of Anger

한국NVC출판사

『분노의 놀라운 목적』에서 마셜 로젠버그는 우리 삶에서 분노가 할 수 있는 역할에 대한 그의 독특한 생각을 나눕니다. 그는 분노를 억눌러야 한다는 우리 생각에 이의를 제기하면서, 오히려 분노는 선물이라고 말합니다.

우리가 충족되지 않은 욕구들과 연결하도록 이끄는 선물이라는 것이지요. 로젠버그는 분노에 대한 잘못된 통념들을 밝히고, 분노가 생각의 산물임을 보여 줍니다. 분노가 비폭력대화의 주요한 특징들과 연관되기 때문에, 분노에 관한 논의는 우리가 비폭력대화를 더 잘 이해하는 데 도움이 됩니다.

가슴으로 살고, 판단이 섞이지 않은 관찰을 하고, 자신의 느낌과 욕구를 분명히 인식하고, 명료한 부탁을 하고, 삶을 풍요롭게 하는 연결을 지원하는 일 모두가, 분노를 대하는 우리의 태도와 관계가 있습니다.

차 례

비폭력대화^{NVC}란?

비폭력대화(NVC)는 제가 다음 두 가지 의문에 큰 관심을 가지면서 개발하게 되었습니다. 먼저, 저는 무엇이 사람들을 그처럼 폭력적이고 공격적으로 행동하게 만드는지를 더 잘 이해하고 싶었습니다. 둘째로, 다른 사람들이 폭력적이거나 공격적으로 행동할 때에도 제가 우리의 본성이라고 믿는 연민을 유지할 수 있도록 돕는 교육은 어떤 것인지 더 잘 알고 싶었습니다.

이 두 의문을 탐구하면서, 저는 비슷한 상황에서 왜 어떤 사람들은 폭력적으로 반응하고 다른 사람들은 연민으로 반응하는지를 이해하는 데 세 가지 요소가 매우 중요하다는 점을 깨달았습니다. 그 세 가지는 다음과 같습니다.

첫째, 우리가 배운 언어
둘째, 우리가 배운 사고방식과 의사소통 방식
셋째, 우리가 배운, 우리 자신과 다른 사람들에게 영향을 끼치는 특정한 방법들

저는 어떤 상황에서 우리가 연민으로 반응하느냐 폭력적으로 반응하느냐를 결정하는 데 이 세 요소가 큰 역할을 한다는 사실을 알게 되었습니다. 그리고 우리가 기꺼이 우리 자신과 다른 사람들의 행복에 기여할 수 있도록 돕는 언어와 사고방식, 의사소통 형식을 NVC 모델에 녹여 넣었습니다.

NVC는 사람들의 욕구가 충족되고 있는지, 만일 그렇지 않다면 그것을 충족하기 위해 무엇을 할 수 있는지에 초점을 맞춥니다. NVC는 다른 사람들이 더 기꺼이 우리의 행복에 기여할 마음을 낼 수 있도록 우리를 표현하는 방법을 알려 줍니다. 또, 우리가 더 기꺼이 그들의 행복에 기여할 마음을 낼 수 있도록 다른 사람들의 메시지를 받아들이는 방법을 보여 줍니다.

분노와 비폭력대화

분노를 다룰 때, 비폭력대화(NVC)에서는 그것을 일종의 경보로 활용하는 방법을 알려 줍니다. 우리의 욕구가 충족될 가능성을 낮추고 아무에게도 도움이 안 되는 상호작용에 빠져들 가능성을 높이는 방식으로 우리가 생각하고 있음을 알려 주는 장치로서 분노를 바라보는 법을 보여 주는 것이지요. NVC에서는 **분노를 억눌러야 하는 것 또는 나쁜 것으로 여기는 것은 위험하다**고 강조합니다. 분노를 우리 잘못 때문에 일어난 일로 여길 때, 우리는 그것을 억누르고 회피하려 들기 마련입니다. 그렇게 분노를 억누르고 부정하면, 우리 자신과 다른 사람들에게 아주 해로운 방식으로 그것을 표현하게 되기 쉽습니다.

연쇄살인범에 관한 신문 기사에서 아는 사람들이 그에 대해 뭐라고 말하는지 떠올려 보세요. 대개는 "정말 좋은 사람이었어요. 언성을 높인 적도 없고, 누군가에게 화를 낸 적도 없었습니다."라고 말하지요.

그래서 NVC에서는 우리가 내면의 충족되지 않은 욕구들, 분노의 뿌리에 있는 욕구들을 알아차리는 데 도움이 되도록 분노를 활용하는 데 관심을 기울입니다.

제가 전 세계를 다니면서 함께 일한 분들 가운데 많은 이가 분노를 억누르라고 가르치는 교육의 폐해를 목격한 바 있습니다. 분노를 자제해야 한다는 가르침이 사람들로 하여금 모든 일을 참고 받아들이도록 억압하는 도구가 될 수 있음을 본 것이지요. 그런데 그에 대한 반작용, 즉 분노의 원인을 이해하고 그것을 바꿀 생각은 하지 않으면서 분노의 '표출'은 권장하는 것에 대해서도 저는 회의적입니다. 몇몇 연구에 따르면, 베개를 때리거나 하는 식으로 분노를 표출하도록 장려하는 데 그치는 분노 조절 프로그램들은 그저 분노를 좀 더 바깥쪽으로 밀어낼 뿐, 실제로는 나중에 자신과 다른 사람들에게 위험한 방식으로 분노를 드러내기 쉬운 상태에 사람들을 머무르게 합니다.

그래서 NVC를 이용해 분노를 다룰 때, 우리는 분노의 안쪽으로 더 깊이 들어가서 화가 날 때 우리 안에서 어떤 일이 일어나는지를 보고, 분노의 뿌리에 있는 욕구를 찾아서 그것을 충족시키는 데 초점을 맞춥니다. NVC 워크숍을 할 때, 저는 사람들의 이해를 돕기 위해 분노를 자동차 계기판의 경고등에 비유하곤 합니다. 엔진이 필요로 하는 것에 관한 쓸모 있는 정보를 경고등이 제공하기 때문이지요. 경고 신호를 감추거나 해제하거나 무시하고 싶은 사람은 없을 겁니다. 오히려 차의 속도를 줄이고 경고등이 의미하는 바가 무엇인지 알아보고 싶겠지요.

한 사람만 해도 효과가 있습니다

제 경험에 따르면, 분노가 보내는 경고 신호에 주의를 집중할 수만 있다면, 상대방의 의사소통 방식이 어떠하든 간에 우리는 연결을 유지할 수 있습니다. 다시 말해서, 단 한 사람만 NVC를 적용해도 효과가 있습니다.

그렇다면 그런 쪽으로 계속 초점을 맞추기는 별로 어렵지 않습니다. 지금 나의 상태가 어떻고 원하는 것이 무엇인지를 솔직히 밝혀야 하는 것이 나의 약한 면을 드러내는 일 같아서 **두려울 수도 있겠지요**. 그리고 양쪽이 다 이 프로세스에 대해 교육을 받았다면 대화 흐름이 순조로울 수 있겠지만, 십중팔구는 이런 워크숍에 올 법하지 않은 사람들을 상대로 대화를 이어 가느라 애를 먹기 마련입니다. 그래서 NVC 방식으로 소통하는 법을 배운 사람이든 아니든 간에, 누구에게나 이 프로세스가 효과를 내는 것이 아주 중요합니다.

NVC 집중 워크숍에서는 상대방의 의사소통 방식과 무관하게 이 프로세스를 유지하는 방법에 중점을 둡니다. 어찌 보면 분노는, 이 프로세스를 처음 시도할 때에도 우리가 NVC를 더 깊이 이해할 수 있도록 이끄는 흥미로운 소재입니다. 분노는 NVC 프로세스의 여러 측면들을 또렷이 부각시킴으로써, NVC와 다른 대화법들의 차이를 알게 해 줍니다.

NVC 적용은 몇 단계로 이루어지는데, 스웨덴의 교도소에 수감된 한 젊은 남성의 사례를 통해서 그것들을 보여 드릴까 합니다. NVC를 이용해서 분노를 조절하는 방법을 수감자들에게 알려 주는 워크숍에서 만난 젊은이였지요.

분노를 다루는 단계들

첫 번째와 두 번째 단계

NVC를 이용해서 분노를 다루는 첫 번째 단계는 **우리 분노를 자극한 것과 분노의 원인은 서로 다르다**는 점을 아는 것입니다. 다른 사람이 한 행동 때문에 화가 나는 것이 아니라, 그에 대해 반응하는 우리 내면의 어떤 것 때문에 화가 난다는 말씀이지요. 따라서 우리는 자극과 원인을 구별할 수 있어야 합니다.

앞서 말한 스웨덴의 수감자 워크숍에서 우리가 분노를 다루던 바로 그날, 그가 교도관들에 대해 화가 잔뜩 나 있다는 사실을 알게 되었습니다. 우리가 때마침 분노 다루기를 도우러 온 것을 알고 그는 아주 기뻐했지요.

저는 그에게 교도관들의 어떤 행동이 당신의 분노를 자극했냐고 물었습니다. 그는 "3주 전에 그들에게 부탁을 했는데 아직 아무 조치도 취하지 않았어요."라고 답했습니다. 자, 그는 제가 원하는 방식으로 질문에 답했습니다. 그는 단지 그들이 무엇을 **했는지**에 대해서만 말했습니다. 어떤 평가도 끌어들이지 않았지요. 바로 이것이 비폭력 방식으로 분노를 다루는 첫 번째 단계입니다. 자극이 무엇인지를 분명히 하되, 판단이나 평가를 그것과 뒤섞지 않는 것이지요. 이것만으로도 중요한 성과입니다. 자극이 무엇이었냐는 질문에 예컨대 "그들은 남을 배려할 줄 몰랐어요."라고 답하는 분들이 많은데, 이것은 그들의 '사람됨'에 대한 도덕적 판단이지, 그들이 실제로한 일을 알려 주는 대답이 아닙니다.

두 번째 단계는 그 자극이 결코 우리 분노의 원인이 아님을 의식하는 것입니다. 즉, 단순히 사람들이 한 행동 때문에 화가 나는 것이 아님을 알아차리는 것입니다. **우리 분노의 원인은 일어난 일에 대한 우리의 평가입니다.** 그리고 그것은 특별한 유형의 평가이지요.

NVC에서는 분노가 우리에게 일어나는 일을, 우리의 욕구나 다른 사람들의 욕구와 직접 연결되지 않는다는 점에서 삶을 소외시키는 방식으로 평가한 결과라고 전제합니다. 욕구에 주목하는 대신에, 그러한 평가는 다른 사람들의 행동이 틀렸다거나 나쁘다고 보는 사고방식에 바탕을 두고 있습니다.

평가는 분노를 자극합니다

우리 삶에서 분노를 유발하는 자극을 우리는 네 가지 방법으로 평가할 수 있습니다. 교도관들이 3주 동안 부탁에 응하지 않았던 앞의 사례에서, 수감자는 그 상황을 개인적으로 받아들여 거절당했다고 해석할 수도 있었습니다. 그랬다면 아마 화가 나지 않았겠지요. 마음에 상처를 입고 실망했을지는 몰라도 화가 나지는 않았을 겁니다.

둘째로, 자신의 내면을 들여다 보고 자기 욕구를 확인할 수도 있었습니다. 우리가 욕구에 똑바로 초점을 맞추면 그것을 충족할 가능성이 커집니다. 나중에 보겠지만, 그가 자신의 욕구에 곧바로 초점을 맞추었다면 화가 나지 않았을 겁니다. 그 대신에, 실제로 그가 자신의 욕구와 연결했을 때 그랬던 것처럼, 두려움을 느낄 수는 있었겠지요.

또 한 가지 가능성은 상대편이 그렇게 행동하도록 만든 욕구가 무엇이었을지 생각해 보는 것입니다. 이처럼 상대방의 욕구를 이해하면 우리는 화가 나지 않습니다. 실제로, 우리가 정말로 다른 사람들의 욕구를 이해하면서 그것과 직접 연결될 때, 우리는 우리 내면의 어떤 감정과도 연결되지 않습니다. 상대방에게 온전히 주의를 집중하고 있기 때문이지요.

네 번째 방법은 **다른 사람의 행동이 잘못되었다고 보는 것**인데, **우리는 분노의 밑바탕에 언제나 이런 관점이 자리 잡고 있음을 알게 될 것입니다**. NVC에서는 화가 날 때마다 스스로에게 "나는 지금 나 자신에게 _____라고 말하고 있기 때문에 화가 난다."고 말한 뒤, 우리의 머릿속에서 진행되는, 분노의 원인인, 삶을 소외시키는 생각을 찾아보라고 권합니다.

앞의 사례에서 수감자는 자신이 화가 났고, 자신의 부탁에 대해 교도관들이 3주 동안 아무런 조치도 취하지 않은 것이 분노를 자극했다고 말했습니다. 그래서 저는 그에게 내면을 들여다보고 화가 난 원인이 무엇인지 말해 달라고 부탁했습니다. 그는 혼란스러운 듯 이렇게 답했습니다. "방금 제가 화난 이유를 말씀드렸잖아요. 3주 전에 부탁을 했는데 교도관들이 아직 아무런 조치도 취하지 않았다고."

그래서 제가 다시 말했습니다. "방금 말씀하신 건 화를 자극한 요인이었습니다. 지난번 모임에서 단지 자극만으로는 화가 나지 않는다고 말씀드렸지요? 우리는 지금 원인을 찾고 있습니다. 그러니까 그들의 행동을 어떻게 해석하고 계신지, 그것을 어떻게 보고 계신지 말씀해 주세요. 그것이 당신을 화나게 만든 겁니다."

이 대목에서 그는 큰 혼란에 빠졌습니다. 다른 많은 사람들과 마

찬가지로, 화가 났을 때 자신의 내면에서 일어나는 일을 알아차리는 법을 배우지 않았기 때문입니다. 그래서 일단 멈추고서 우리 내면에서 진행되고 있을 법한, 언제나 분노의 뿌리에 자리 잡고 있는 생각들에 귀 기울인다는 말이 무엇을 뜻하는지 이해하도록 제가 약간 도움을 주었습니다.

잠시 후에 그는 "아, 무슨 말씀이신지 알겠어요. 제가 화나는 건 저 자신에게 '이건 부당해, 사람을 그렇게 대하는 것은 옳지 않아.'라고 말하고 있기 때문이에요. 그들은 자기네는 중요하고 저는 아무것도 아닌 것처럼 굴고 있어요."라고 말하더군요. 그 수감자의 머릿속에서는 그런 판단들이 그 밖에도 몇 가지 더 빠르게 떠다니고 있었지요. 그가 처음에는 단지 교도관들의 행동 때문에 화가 났다고 말했다는 점에 주목하세요. 하지만 실제로 그이를 화나게 한 것은 그의 내면에 있던 이런 생각들입니다. 아마 그런 생각들 가운데 어떤 것이든 그를 화나게 만들 수 있었을 겁니다. 그런데 그는 '그들은 공정하지 않아.', '그들은 나를 제대로 대우하지 않고 있어.' 같은 판단들을 죄다 선뜻 받아들였지요. 그런 판단들 모두가 분노의 원인인데 말이지요.

일단 분노의 원인을 확인하고 나서 그가 묻더군요. "그런데, 그렇게 생각하는 게 왜 잘못이죠?" 그래서 제가 이렇게 답했습니다. "그렇게 생각하는 게 잘못이라는 말이 아닙니다. 다만, 그런 식의 생각이 분노의 원인이라는 점을 아셨으면 할 따름이지요. 사람들의 행동, 즉 자극과 분노의 원인을 혼동하지 마시기 바랍니다."

자극 vs. 원인

대부분의 사람들은 분노를 자극한 것과 분노의 원인을 가려내기가
아주 어렵습니다. 그 이유는 동기 부여에 죄책감을 주로 이용하는
사람들에게 우리가 교육을 받았다는 데에서 찾을 수 있을 듯합니
다. 죄책감을 이용해 사람들을 조종하려면 자극이 곧 우리 감정의
원인이라고 생각하게 만들어야 하지요. 다시 말해서, 누군가를 상
대로 죄책감을 이용하려면, 그 사람이 한 행동 때문에 내가 고통을
겪는다는 식으로 말할 필요가 있습니다. 즉, 상대방의 행동이야말
로 단순한 자극이 아니라 내 느낌의 원인이라는 것이지요.

  죄책감을 유발하는 부모라면 자녀에게 이렇게 말할 법합니다.
"네가 방을 치우지 않으면 내가 정말 마음이 아프단다." 또, 부부나
연인 관계에서 죄책감을 유발하는 사람이라면 "당신이 밤마다 외
출해서 화가 나."라고 말할 법합니다. 이 두 가지 예에서 화자는 자
극이 느낌의 원인인 양 말하고 있습니다. 너 때문에 내가 이렇게 느
낀다. 그것 때문에 내가 이렇게 느낀다. 당신이 _____하기 때문
에 내가 _____을/를 느낀다.

  NVC 원리에 맞게 분노를 다루려면, 우리의 생각과 느낌을 다음
과 같이 구분할 줄 아는 것이 중요합니다. **나는 지금 다른 사람의 행동
이 잘못되었다는 뜻을 내포한 생각들을 나 자신에게 말하고 있다. 그래서**

나는 지금 이렇게 느낀다. 그런 생각들은 "그는 이기적이야, 무례해, 게을러, 교활해. 그러면 안 되지."와 같은 판단으로 나타납니다. 그런 생각들은 다른 사람들에 대한 직접적 판단이나, 예컨대 "그 사람은 자기만 할 말이 있다고 생각하는 것 같아."와 같은 식으로 표현되는 간접적 판단의 형태를 띱니다. 이런 표현들에는 상대방의 행동이 옳지 않다는 생각이 담겨 있지요.

자, 이런 판단은 중요합니다. 왜냐하면 상대방이 나의 느낌에 대해 책임이 있다고 여길 때, 우리는 으레 그 사람을 처벌하고 싶어지기 때문입니다. NVC에서는 '상대방이 무엇을 하는가'가 아니라 '상대방의 행동을 내가 어떻게 보는가, 어떻게 해석하는가'가 우리 느낌의 원인이라고 알려 줍니다. 제 NVC 작업을 눈여겨보시면 이 문제와 관련해 아주 중요한 깨달음을 얻게 되실 겁니다.

저는 르완다에서 가족 중 누군가가 살해당한 적이 있는 사람들과 종종 NVC 작업을 했는데, 그중에는 너무 화가 나서 복수할 기회만 노리는 사람도 있었습니다. 그들은 격분하고 있었지요. 그런데 같은 방에 있던 다른 사람들은 똑같은 경험을 했는데도, 어쩌면 더 많은 식구가 살해당했을 터인데도 분노하지 않았습니다. 그들은 강한 감정을 품고 있었지만 분노는 아니었어요. 그 감정은 그런 일이 어느 누구에게도 다시는 일어나지 않기를 바라는 쪽으로 그들을 이끌었지, 가해자를 처벌하고 싶게 만들지는 않았지요. 우리의 분노를 **불러일으키는 것**은 자극 자체가 아니라 우리가 그 상황을 어떻게 보는가라는 사실을 사람들이 알았으면 좋겠습니다.

NVC에서는 우리가 배운 언어가 우리의 의식에 영향을 끼치기 때문에 화가 난다는 점을 사람들에게 알리려고 애씁니다. 상대방이 아주 사악하거나 나쁜 사람이라는 생각. 분노의 원인은 바로 그런 생각입니다. 그런 생각이 들 때, NVC는 그것을 억누르거나 화를 부정하는 방법을 가르치는 것이 아니라, 그것을 삶의 언어로, 즉 내 분노를 자극하는 식으로 행동한 사람과 내가 평화롭게 지내도록 해 줄 가능성이 훨씬 큰 언어로 바꾸어 내는 법을 보여 줍니다.

NVC에서는 먼저 나를 화나게 하는 이 내면화된 생각을 어떻게 알아차리는지를, 이어서 그 생각을 어떻게 상대방의 행동으로 인해 충족되지 않고 있는 나의 욕구에 대한 인식으로 바꾸어 내는지를, 그리고 그러한 의식을 바탕으로 어떻게 나와 상대방 사이에 다시 평화를 만들어 내는지를 이야기합니다.

분노를 표현하고 그것을 NVC 원리에 맞게 다루는 첫 번째 단계는 평가를 뒤섞지 않으면서 무엇이 우리 분노를 자극했는지 확인하는 것입니다. 두 번째 단계는 상대방에 대한 우리의 평가, 즉 상대방 잘못을 암시하는 판단으로 표현되는 우리의 평가가 바로 우리 분노의 원인임을 알아차리는 것입니다.

자극과 원인의 비교

한번은 소년원에서 워크숍을 했는데, 그때의 경험이 자극은 결코 분노의 원인이 아니라는 사실을 제가 깨닫는 데 실제로 도움이 되었습니다. 자극과 분노 사이에는 언제나 어떤 사고 과정이 끼어듭니다.

그때 저는 이틀 연속 놀랄 만큼 비슷한 경험을 했는데, 각각에 대해 아주 다른 느낌을 받았습니다. 두 날 모두 저는 서로 다른 두 학생들 사이의 싸움을 말리다가 팔꿈치에 코를 얻어맞았어요.

첫날은 아주 화가 났습니다. 둘째 날은 첫날보다 코가 더 아팠는데도 화가 나지 않았어요. 자, 왜 첫날의 자극에 대해서는 화가 나고 둘째 날에는 화가 나지 않았을까요?

먼저, 첫날 제가 코를 맞은 직후에 여러분께서 제게 왜 화가 났냐고 물으셨다면, 저는 아마 저를 화나게 한 생각을 찾는 데 어려움을 겪었을 거예요. 저는 아마 "저 아이가 제 코를 때렸기 때문에 화가 난 게 분명해요."라고 답했을 겁니다. 하지만 원인은 따로 있었지요. 나중에 그 상황을 되돌아보니, 그 사건이 있기 전에 제가 그 아이를 아주 비판적으로 바라보고 있었다는 사실이 분명해졌습니다. 제 머릿속에서 저는 그 아이를 아주 버릇없는 녀석이라고 판단하고 있었지요. 그래서 그 아이가 팔꿈치로 제 코를 치자마자 화가 난 겁니다. 팔꿈치로 맞은 즉시 제가 화가 난 것처럼 보이지만, 실은 자극과 분노 사이에 버릇없는 녀석이라는 그 아이의 이미지가 제 안에서 번쩍인 것이지요. 네, 이 모든 일이 순식간에 일어났지만, 저를 화나게 한 것은 '버릇없는 녀석'이라는 판단 이미지였습니다.

둘째 날, 저는 비슷한 상황을 아주 다른 이미지로 대했습니다. 제 코를 친 아이를 버릇없는 녀석이 아니라 가여운 아이라고 생각하고 있었기 때문에 화가 나지 않았지요. 몸으로는 분명히 통증을 느꼈지만 화는 안 났습니다. '버릇없는 녀석'이라는 판단 이미지가 아니라, 절실하게 도움이 필요한 아이라는 이미지가 제 마음속을 스쳐 지나갔기 때문이지요.

이런 이미지들은 재빨리 생겨나서, 자극이 마치 분노의 원인인 양 우리를 속이기 일쑤입니다.

세 번째 단계

세 번째 단계는 분노의 뿌리인 욕구를 찾는 것입니다. 그 밑바탕에는 우리가 화나는 것은 우리의 욕구가 충족되지 않고 있기 때문이라는 가정이 깔려 있는데요. 문제는 우리가 우리의 욕구와 연결되어 있지 않다는 데 있습니다. 우리의 욕구와 곧바로 연결하지 않고, 우리는 머리로 가서 우리의 충족되지 않은 욕구와 관련하여 상대방이 무엇을 잘못했는지 따지기 시작합니다. 우리가 다른 사람들에 대해 내리는 그 판단이 우리 분노의 원인이며, 그 실상은 **충족되지 않은 욕구의 소외된 표현**입니다.

판단

우리를 화나게 하는, 다른 사람들에 대한 이러한 판단들이 우리 욕구의 소외된 표현일 뿐 아니라 때로는 자기 파괴적이고 비극적이기까지 한 표현임을 저는 몇 년에 걸쳐 깨닫게 되었습니다. 가슴으로 가서 충족되지 않은 우리 욕구와 연결하는 대신, 우리는 다른 사람들이 무엇을 잘못해서 우리 욕구가 충족되지 않는지를 판단하는 데 주의를 집중합니다. 그러면 몇 가지 일이 벌어지기 쉽습니다.

우선, 우리 욕구가 충족되지 않을 가능성이 커집니다. 왜냐하면 우리가 다른 사람이 어쨌든 잘못이라는 판단을 말하면, 그런 판단들은 대체로 깨달음이나 연결보다는 방어적인 태도를 유발하기 때문입니다. 적어도 협조를 기대하기는 어렵지요. 일단 다른 사람들이 틀렸다거나 게으르다거나 무책임하다는 판단을 표현하고 나면, 설령 그들이 우리가 원하는 대로 행동한다 하더라도 그 행동을 밑받침하는 에너지에 대해 우리는 결국 대가를 치르게 될 겁니다. 왜냐하면 우리가 다른 사람들을 판단한 결과로서 화를 낼 때, 그리고 우리가 그러한 판단을 그들에게 말이나 비언어적 행동으로 표현할 때, 그들은 우리가 어쨌든 그들 잘못이라는 식으로 판단하고 있음을 알아차릴 터이고, 따라서 그들이 우리가 바라는 대로 행동하더라도 그 동기는 우리 욕구에 대한 연민이 아니라 처벌이나 비판에 대한 두려움, 죄책감이나 수치심일 가능성이 더 크기 때문입니다.

NVC를 활용할 때 우리는 언제나 사람들이 우리가 바라는 대로 행동하는 것만큼이나 그들이 그렇게 하는 이유도 중요하다고 여깁니다. 그래서 우리는 오로지 사람들이 스스로 그럴 마음을 내서 우리 바람대로 행동하기를 바랍니다. 안 그러면 처벌이나 비난을 받을까 봐, '죄인 취급 당하거나' 낙인 찍힐까 봐 그렇게 행동하는 것이 아니라 말이지요.

욕 구　어 휘　개 발 하 기

NVC를 실천하려면 우리 욕구에 대한 인식과 언어를 발전시켜야 합니다. 욕구 어휘가 늘어나면 우리를 화나게 만드는 판단들의 이면에 있는 욕구와 더 쉽게 연결할 수 있습니다. 그리고 우리가 욕구를 명료하게 표현할 수 있을 때 다른 사람들이 연민으로 우리 욕구에 반응할 가능성이 훨씬 커집니다.

　스웨덴의 수감자 이야기로 돌아가 보겠습니다. 그를 화나게 만드는 판단들을 확인한 후에 저는 그 판단들의 이면에 있는, 충족되지 않은 욕구가 무엇인지 말해 달라고 했습니다. 그 충족되지 않은 욕구들이 교도관들에 대한 판단을 통해 표현되고 있었지요.

　그이에게 이 작업은 쉽지 않았습니다. 다른 사람 잘못이라는 관점에서 보도록 훈련받은 사람은 자신의 욕구가 무엇인지 잘 모를 때가 많기 때문이었지요. 그런 사람들은 대체로 자기 욕구를 표현할 어휘를 거의 가지고 있지 않습니다. 자기 욕구를 알려면, 바깥쪽 판단하기에서 안쪽 살피기로 주의를 돌려서 자기 욕구를 확인해야 합니다. 약간의 도움을 받아서, 그는 마침내 자신의 욕구와 연결할 수 있게 되었습니다. "아, 제 욕구는 석방되었을 때 일거리를 찾아서 스스로를 돌볼 수 있는 거예요. 그래서 교도관들에게 그 욕구를 충족시키는 데 필요한 교육을 받게 해 달라고 부탁했던 거고요. 그 교육을 못 받으면 석방되더라도 경제적으로 저 자신을 돌볼 수 없을 테고, 결국 이리로 돌아오고 말 거예요."

그래서 제가 "이제 자신의 욕구와 연결이 되고 나니까 느낌이 어떠세요?"라고 물으니까, "두려워요."라고 답하더군요. 이처럼 우리 욕구와 곧바로 연결되면, 우리는 **절대로** 더는 화가 나지 **않습니다.** 이때 화는 억눌린 것이 아닙니다. 욕구에 기여하는 느낌으로 바뀌었지요.

느낌의 기본 기능은 우리의 욕구에 봉사하는 것입니다. **감정(emotion)**이라는 단어의 기본 의미는 '지금 있는 자리를 떠나게 만들다'입니다. 우리를 움직여 욕구를 충족시키게 한다는 말이지요. 영양 공급에 대한 욕구가 있으면 우리가 배고픔이라고 부르는 느낌이 들게 되고, 그 느낌은 음식에 대한 욕구를 돌보기 위해 움직이도록 우리를 자극합니다. 영양에 대한 욕구가 들 때마다 편안함을 느낀다면 우리는 굶주릴 겁니다. 몸을 움직여 욕구를 충족시키려고 나서지 않게 될 테니까요.

감정의 자연스러운 기능은 이렇게 욕구를 충족시키도록 우리를 자극하는 것입니다. 하지만 분노는 우리 주의를 다른 데로 돌리는 것에 의해 자극이 됩니다. 분노할 때 우리는 욕구가 충족되기를 바라도록 자연스럽게 우리를 자극하는 욕구들과 연결되어 있지 않습니다. 앞서 말씀드렸듯이 분노는 다른 사람 잘못이라는 생각에 의해 유발되는데, 그러면 욕구를 충족시키려는 에너지가 남을 비난하고 처벌하려는 에너지로 바뀌어 버립니다.

욕구에 연결되는 것과 느낌의 차이를 제가 설명하고 나서야 그 수감자는 자신의 두려움을 인식하게 되었습니다. 그리고 다른 사람들이 잘못했다는 생각 때문에 화가 났다는 사실을 깨달을 수 있었지요. 그래서 제가 다시 물었습니다. "교도관들을 찾아가서 이야기할 때, 자신의 욕구와 두려움에 연결된 상태에서 말하는 것과 머릿속이 온통 상대방에 대한 판단과 분노로 가득한 상태에서 말하는 것 가운데 어느 쪽이 더 자신의 욕구를 충족시킬 가능성이 클 것 같으세요?"

그는 자신의 욕구와 분리된 채로 상대가 잘못했다는 식으로 생각할 때보다, 욕구와 연결된 상태에서 이야기를 할 때 자신의 욕구가 충족될 가능성이 훨씬 크다는 점을 아주 분명하게 이해할 수 있었습니다. 다른 사람들을 판단하지 않고 자신의 욕구와 연결할 때 세상살이가 얼마나 달라질지를 꿰뚫어 본 순간, 그는 고개를 떨구고 세상 그 누구보다도 슬픈 표정을 지었습니다. 제가 물었지요. "왜 그러세요?"

그가 "지금 당장은 말씀 못 드리겠어요."라고 답하더군요. 그날

오후, 그는 그때 어떤 생각을 했는지 제게 알려 주었습니다. 저를 찾아와서 이렇게 말하더군요. "마셜, 당신이 오늘 아침에 분노에 대해 가르쳐 준 것을 2년 전에 배울 수 있었더라면 얼마나 좋았을까요. 그랬다면 저는 제 가장 친한 친구를 죽이지 않았을 거예요."

비극적이게도, 2년 전, 그는 가장 친한 친구가 한 어떤 행동에 대한 자신의 판단 때문에 격렬한 분노를 느꼈습니다. 하지만 그 이면에 있는 욕구를 의식하는 대신에 그 친구가 자기를 화나게 했다고 여겼고, 비극적인 다툼 끝에 결국 친구를 죽이고 말았지요.

화가 날 때마다 우리가 누군가를 해치거나 죽인다는 말씀이 아닙니다. 화가 날 때마다 우리가 자기 욕구들과 단절된다는 말씀을 드리려는 것이지요. 화가 날 때 우리는 머리로 올라가서, 우리의 욕구를 충족시키기 매우 어려운 방식으로 주어진 상황에 대해 생각합니다.

제가 지금까지 간략히 설명드린 것, 즉 우리의 분노를 유발하는 생각을 알아차리는 것은 아주 중요한 단계입니다. 말씀드렸다시피, 처음에 그 수감자는 자기를 화나게 한, 자기 안에서 진행되고 있던 그 모든 생각들을 전혀 인식하지 못하고 있었습니다. 그 이유는 우리 생각들이 아주 빨리 지나가 버린다는 데에서 찾을 수 있는데요. 우리 생각들 가운데 상당수가 그런 생각을 했는지조차 모를 만큼 재빨리 머릿속을 스쳐 지나가고, 그래서 우리에게는 마치 자극이 우리 분노의 원인인 것처럼 보이게 됩니다.

NVC로 분노를 다루는 세 가지 단계를 요약하면 다음과 같습니다.

- 평가와 자극을 혼동하지 않으면서 우리 분노를 자극한 것을 찾아낸다.
- 우리를 화나게 하는 내면의 이미지나 판단을 찾아낸다.
- 판단 이미지를 그것이 표현하고 있는 욕구로 바꾼다. 즉, 판단 이면에 있는 욕구에 주의를 온전히 집중한다.

이 세 단계는 내면에서 이루어집니다. 우리는 아무것도 소리 내어 말하지 않는 가운데, 상대방의 행동이 아니라 우리의 판단이 우리 분노를 유발한다는 사실을 깨닫고, 이어서 그 판단 뒤에 있는 욕구를 찾고 있을 따름이지요.

네 번째 단계

네 번째 단계는 판단 이면의 욕구와 연결함으로써 우리의 분노를 다른 느낌들로 바꾸어 낸 후에, 상대방에게 실제로 소리 내어 말하는 것입니다.

네 번째 단계에서 우리는 상대방에게 네 가지 정보를 말합니다. 첫째, 자극이 무엇인지 밝힙니다. 우리의 충족되지 않은 욕구와 갈등을 일으킨 상대방의 행동이 무엇이었는지 밝히는 것이지요. 둘째, 우리의 느낌을 표현합니다. 이때 우리가 분노를 억누르고 있지 않다는 점에 주목하시기 바랍니다. 분노는 슬픔, 괴로움, 두려움, 좌절감 같은 느낌으로 바뀌었지요. 셋째, 느낌을 표현한 다음에는 충족되지 않고 있는 우리의 욕구를 밝힙니다.

그리고 앞의 세 가지 정보에 이어서, 우리의 느낌과 충족되지 않은 욕구와 관련하여 **우리가 상대방에게 바라는 것에 대해 명료하고 실제적인 부탁**을 합니다.

앞의 수감자가 처한 상황에서 네 번째 단계는 교도관들을 찾아가서 이렇게 말하는 것이겠지요. "3주 전에 부탁을 했는데, 아직도 답을 듣지 못했어요. 저는 감옥에서 나간 후에 생계를 유지할 수 있기를 바라기 때문에 두려움을 느낍니다. 제가 요청한 교육을 못 받으면 생계를 유지하기가 아주 어려울 것 같거든요. 그러니까 왜 제 요청에 응할 수 없는지 제게 말씀해 주시면 좋겠어요."

그 수감자가 이 말을 하기까지 많은 사전 작업이 필요했다는 점을 주목하시기 바랍니다. 자신의 내면에서 일어나는 일을 인식해야 했고, 자신의 욕구들과 연결되기 위해 약간의 도움을 받아야 했지요. 이 상황에서는 제가 그를 도왔지만, NVC 워크숍에서는 스스로 이 모든 작업을 하는 법을 알려 줍니다.

우리가 다른 사람에 의해 자극을 받고 화가 나기 시작하는 것을 인식할 때, 우리는 다음과 같은 방식으로 그것을 다루어야 합니다.

혹시 판단 뒤에 있는 욕구들과 연결하는 훈련을 충분히 받았다면, 숨을 한 번 깊이 들이쉰 뒤에, 제가 그 수감자와 함께했던 과정을 아주 빠르게 진행할 수 있습니다. 다시 말해서, 자신이 화가 나기 시작하는 것을 깨닫자마자 숨을 깊이 들이쉬고, 멈추고, 내면을 들여다보고, 스스로에게 곧바로 묻는 것이지요. "내가 스스로에게 무슨 말을 하고 있기에 이렇게 화가 날까?" 그리고 그 판단 뒤에 있는 욕구와 재빨리 연결합니다. 욕구와 연결되면 분노가 다른 종류의 느낌으로 전환되는 것이 몸으로 느껴질 터이고, 그제야 비로소 우리는 입을 열어 상대방에게 우리의 관찰, 느낌, 욕구를 밝히고 부탁을 할 수 있습니다.

이 과정은 연습이 필요합니다. 충분히 연습하면 순식간에 이 과정을 진행할 수 있습니다. 운이 좋다면 우리 내면에서 일어나는 일을 우리가 인식하도록 도와줄 친구들이 주위에 있을 거고요, 그렇지 않거나 연습이 더 필요할 때에는 언제든 '타임 아웃'을 요청할 수 있습니다. 상대방에게 이렇게 말하면 되겠지요. "타임 아웃. 지금은 혼자서 좀 작업을 하고 싶어요. 제가 하는 말이 우리 모두의 욕구를 충족시키는 데 방해가 될까 봐 두렵거든요." 그 시점에서 우리는 우리를 화나게 하는 판단들 뒤에 있는 욕구들과 연결하기 위해 혼자서 자리를 떴다가, 연결 작업이 마무리된 뒤에 대화 상황으로 복귀할 수 있습니다.

충분히 연습해서 우리의 분노를 이렇게 다룰 수 있게 되면, 이제 상대방이 그러한 행동을 하게 만든, 그의 내면에서 일어나던 일에 대한 공감적 이해를 보여 주는 것이 도움이 됩니다. 그리고 우리가 자신에 대한 말을 하기 전에 그것과 연결할 수 있다면 그 효과는 훨씬 커질 수도 있습니다.

화가 올라올 때 제가 설명드린 방식으로 그것을 다스릴 수 있으려면, 우리를 화나게 만드는 판단을 찾아내고 그것을 그 뒤에 있는 욕구로 재빨리 바꾸어 낼 줄 아는 능력이 반드시 필요합니다. 판단을 찾고 그것을 욕구로 바꾸는 연습을 할 수 있다면, 실제 상황에서 그 작업을 충분히 빨리 할 수 있는 능력을 발전시킬 수 있습니다.

제가 추천하는 연습은 화가 날 때 여러분의 내면에서 이루어지고 있을 법한 판단들의 목록을 만들어 보는 것입니다. 가장 최근에 화가 났던 때를 떠올리고 그때 스스로에게 어떤 말을 하고 있었는지 써 보세요.

여러분을 화나게 하는 다양한 상황에서 여러분이 스스로에게 하는 말들의 목록을 만들고 나면, 그 목록을 보면서 이렇게 자문해 볼 수 있겠지요. "이 판단을 통해 표현되고 있던 나의 욕구는 무엇이었을까?" 이렇게 판단을 욕구로 바꾸어 보는 연습을 더 많이 할수록, 실제 상황에서 더 빨리 이 프로세스를 진행하는 데 더 도움이 될 겁니다.

처벌과 분노

저는 분노에 대한 이 논의에 처벌이라는 개념을 추가하고자 합니다.

우리를 화나게 하는 생각에는 다른 사람들이 그들이 한 일 때문에 고통 받아 마땅하다는 생각이 담겨 있습니다. 즉, 잘못이나 무책임, 부적절함 등을 암시하는, 우리가 타인에 대해 내리는 도덕적 판단들이 담겨 있지요. 애초에 이러한 판단들은 모두, 하지 말았어야 할 일을 한 다른 사람이 어떤 식으로든 비난이나 처벌을 받아야 마땅하다는 뜻을 내포하고 있습니다.

그러나 다음 두 가지 질문을 스스로 던져 본다면, 처벌이 절대로 건설적인 방식으로 우리의 욕구를 충족시키지 못할 것임을 알게 되리라고 저는 믿습니다. 첫째, **상대방이 지금 하고 있는 것과 다른 방식으로 어떤 행동을 하기를 바라는가?** 질문이 이것뿐이라면 때로는 처벌이 효과가 있는 것처럼 보입니다. 예컨대, 아이에게 벌을 주어서 여동생을 더는 때리지 못하게 할 수도 있기 때문입니다. 제가 **그런 것처럼 보인다**고 말씀드린 것은, 어떤 행동을 처벌하는 바로 그 행위가 실제로는 적대감을 자극해서 상대방으로 하여금 반발심이나 분노 때문에 그 행동을 계속하게 만들 때가 많기 때문입니다. 이때 상대방은 처벌이 없었을 때보다 더 오랫동안 그 행동을 지속합니다.

하지만 두 번째 질문을 추가하면 우리의 욕구 충족이라는 면에서, 그리고 나중에 우리가 후회하지 않을 이유라는 면에서 처벌이 결코 효과가 없다는 점을 깨닫게 되리라고 저는 확신합니다. 두 번째 질문은 '**상대방이 우리가 원하는 대로 행동할 때 그 동기가 무엇이기를 바라는가?**'입니다.

이 질문을 해 봄으로써 우리는, 다른 사람들이 처벌이 두려워서 우리 바람대로 행동하기를 결코 바라지 않는다는 사실을 알게 됩니다. 우리는 사람들이 의무감이나 죄책감이나 수치심 때문에, 또는 사랑을 얻으려고 그런 행동을 하는 것을 원치 않습니다. 저는 우리 모두가, 사람들이 어떤 일을 할 때 그것이 삶을 더 풍요롭게 해 주리라는 점을 분명히 알고서 기꺼운 마음으로 하기를 바란다고 믿습니다. 그 밖의 다른 이유로 그 일을 한다면, 앞으로 사람들이 서로 연민으로 대하기가 더 어려워지는 상황을 빚어내기 쉽습니다.

살인은
너무 피상적이다

저는 비폭력대화 프로세스가 우리 분노를 온전히 표현하는 데 어떻게 도움이 되는지도 보여 드리려 합니다. 워크숍을 함께하는 여러 그룹들에 이 점을 분명히 하는 것이 제게는 아주 중요합니다. 왜냐하면 제가 다른 나라들에 초대받아 갈 때에는 대체로 억압받고 차별당한다고 느끼는 사람들과 NVC 작업을 하게 되는데, 그들은 힘을 키워서 상황을 바꾸고 싶어 하거든요. 그러다 보니 **비폭력대화**라는 말을 듣고 불안해할 때가 정말 많은데, 그것은 그동안 분노를 억

분노의 놀라운 목적

36

누르고 현실을 묵묵히 받아들이라고 가르치는 온갖 종교나 교육들을 겪어 왔기 때문입니다. 그래서 분노가 나쁘다거나 없애야 하는 것이라는 말을 들으면 좀 불안해지지만, NVC 프로세스를 알고 그것이 결코 우리 분노를 억누르게 하려는 것이 아니라고 믿게 되면 크게 안심들을 합니다. 그들의 걱정과는 달리, NVC는 오히려 분노를 온전히 표현하는 방법입니다.

전에도 말씀드렸다시피, 저는 살인은 너무 피상적이라고 생각합니다.

제가 보기에, 다른 사람을 죽이거나 비난하거나 벌주거나 해치는 것은 모두 우리 분노를 아주 피상적으로 표현하는 행위들입니다. 우리는 살인을 하거나 타인의 신체나 정신에 해를 끼치는 것보다 훨씬 더 강력한 것을 원합니다. 그것들은 너무 약해요. 우리 자신을 온전히 표현하기 위해서, 우리는 그것들보다 훨씬 더 강력한 무언가를 바랍니다. 비폭력대화로 우리 분노를 온전히 표현하는 것과 관련하여 제가 제안하는 첫 번째 단계는 상대방을 우리 분노에 대한 책임으로부터 완전히 분리시키는 것입니다. 이미 말씀드린 것처럼, 그러려면 그, 그녀, 그들이 우리를 화나게 했다는 생각을 우리 의식에서 완전히 몰아내야 합니다. 그런 식으로 생각할 때 우리는 아주 위험한 존재가 된다고 저는 믿습니다. 그리고 우리 분노를 온전히 표현하는 대신에, 다른 사람을 비난하거나 처벌함으로써 피상적으로 분노를 표현하게 되겠지요.

저는 다른 사람들의 행동을 빌미로 그들을 처벌하고 싶어 하는 수감자들에게, 복수는 공감에 대한 간절한, 하지만 왜곡된 욕구라고 알려 줍니다. 다른 사람들을 해쳐야겠다고 생각할 때 우리가 정말로 바라는 것은 우리가 얼마나 상처를 받았는지, 그리고 그들의 행동이 어떻게 우리 고통을 초래했는지를 그들이 알아주는 것입니다. 하지만 저와 함께 NVC 작업을 한 수감자들 대부분이 그들에게 상처를 준 사람에게서 그런 공감을 받아 본 적이 없었습니다. 그들이 자신의 고통에서 벗어나기 위해 생각해 낼 수 있는 최선의 방법은 상대방을 고통스럽게 만드는 것이었지요.

　한번은 상대를 죽이고 싶다고 말하는 어떤 수감자에게 그 점을 알려 준 적이 있습니다. 제가 이렇게 말했지요. "장담하건대, 당신에게 복수보다 더 달콤한 것을 알려 줄 수 있어요."

　그러자 그 수감자가 말하더군요. "말도 안 돼요. 이 감옥에서 지낸 지난 2년 동안 저를 살아 있게 만든 유일한 것은 출감해서 그놈에게 앙갚음하고 말겠다는 생각뿐이었어요. 제가 세상에서 유일하게 하고 싶은 일이 바로 그거예요. 감옥에 다시 갇혀도 상관없어요. 오로지 나가서 그 놈을 해치고 싶을 뿐이에요."

　"제가 그것보다 더 맛난 걸 확실히 알려 준다니까요."

　"에이, 말도 안 돼."

　"그럼 저한테 시간 좀 내줄래요?" (이 대목에서 그 친구의 유머 감각이 맘에 들더군요. "이봐요, 내가 가진 게 시간뿐이잖수."라고 답했는데, 감옥 생활을 한동안 더 해야 한다는 말이었지요. 그래서 저는 수감자들과 작업하는 걸 좋아합니다. 약속해 놓고 내빼는 일이 없거든요.) 어쨌든, 제가 제안했어요. "제가 사람들을 해치는 것 대신에 할 수 있는 일을 알려 줄게요. 당신이 그 상대방 역할을 해 줄래요?"

수감자 그러죠.

마셜(수감자 역할) 오늘이 출감 첫날이야. 너, 잘 만났다. 내가 제일 먼저 할 일은 너를 붙잡는 거였어.

수감자 시작이 맘에 드네요.

마 셜 이제 당신을 의자에 앉히고 이렇게 말합니다. "내가 지금부터 하는 말 잘 듣고, 그대로 나한테 다시 말해, 알았어?"

수감자 내가 다 설명할게!

마 셜 입 닥쳐! 방금 한 말 못 들었어? 내가 하는 말을 그대로 내게 다시 말하란 말이야.

수감자 알았어.

마 셜 나는 널 우리 집으로 데려와서 형제처럼 대했어. 그리고 여덟 달 동안 모든 걸 주었지. 그런데 넌 내게 그런 짓을 했어. 난 너무 고통스러워서 견딜 수가 없었어. (그 수감자가 그 일에 관해 말하는 것을 여러 번 들었기 때문에, 그의 역할을 어렵지 않게 할 수 있었습니다.)

수감자 왜 그랬는지 설명할 수 있다니까!

마 셜 닥쳐! 이제 들은 대로 말해 봐.

수감자 나한테 그렇게 잘해 주었건만, 너는 정말로 상처를 받았어. 그 일이 안 일어났기를 바랐지.

마 셜 그리고 그로부터 2년을 난 밤낮으로 화가 나서 오로지 너를 해치겠다는 생각만 하고 살았어. 넌 그게 어떤 건지 알아?

수감자 그러니까 그 일 때문에 네 삶이 완전히 망가져서 지난 2년 동안 화내는 것 말고는 할 수 있는 게 없었구나.

우리는 이 작업을 몇 분간 더 계속했고, 이윽고 그 수감자는 크게 마음이 움직여서 이렇게 말했습니다. "그만, 그만하세요. 당신 말이 맞아요. 그게 바로 제가 원하는 거예요."

한 달쯤 뒤에 그 교도소를 다시 찾았을 때, 문을 들어서니까 또 다른 친구가 저를 기다리고 있더군요. 그는 이리저리 서성이면서 저한테 말했어요. "이봐요, 마셜. 우리가 정말로 남을 괴롭히기를 즐긴다거나 누군가를 해치고 싶다고 생각할 때, 진짜 욕구는 우리가 얼마나 고통받았는지를 다른 사람이 알아주는 것이라고 지난번에 말한 거, 기억해요?"

"네, 기억합니다."

"오늘 그걸 아주 천천히 다시 한 번 복습시켜 줄 수 있나요? 제가 3일 뒤에 여기서 나가는데, 그 작업을 제대로 해 두지 않으면 누군가를 해치게 될 것 같아서요."

저는 다른 사람들을 괴롭히는 것을 즐기는 사람들이 심리적으로든 그 밖의 다른 식으로든 커다란 폭력에 노출되어 있다고 봅니다. 그리고 그들은 자신이 느끼는 엄청난 고통에 대해 공감을 필요로 하지요.

워크숍에서

다시 한 번 말씀드리거니와, 우리가 우리 의식 속으로 들어가는 데 필요한 첫 번째 단계는 **다른 사람들의 행동은 결코 우리 느낌의 원인이 아님**을 아는 것입니다. 우리 느낌의 원인은 무엇인가요? 저는 우리의 느낌이 다른 사람들의 행동에 대한 우리 해석의 결과라고 믿습니다. 제가 여섯 시에 데리러 와 달라고 부탁했는데 여러분이 여섯 시 반에 온다면, 제 느낌이 어떨까요? 그건 제가 그 상황을 어떻게 보느냐에 달려 있겠지요. 여러분이 약속보다 삼십 분 늦게 왔다는 사실이 제 느낌을 좌우하는 게 아닙니다. 문제는 제가 그것을 어떻게 해석하느냐지요. 자, 만일 제가 '판단하는 귀'라고 부르는 것을 착용하기로 마음먹는다면, 누가 옳고 누가 그르고 누가 잘못했는지를 가리는 게임에 안성맞춤이겠지요. 이 귀를 쓴 사람은 누구나, 반드시 잘못한 사람을 찾아내고 말 겁니다.

(참가자 한 명이 마셜에게 묻는다.)

참가자 그러니까, 우리가 다른 사람의 행동을 어떻게 해석하고 어떤 의미를 그것에 부여하느냐가 우리 느낌을 유발한다는 말씀 인가요?

마 셜 네, 바로 그겁니다. 타인의 행동을 어떻게 해석하느냐가 우리 느낌의 한쪽을 이루지요.

느낌과 연결하는 또 다른 선택지가 있는데, 바로 이겁니다. 이 다른 귀, 즉 'NVC 귀'를 쓰는 것이지요. 이 귀를 착용하면 누구 잘못이냐를 따지는 식으로 생각하지 않게 됩니다. 머리로 가서 이쪽 잘못이냐 저쪽 잘못이냐를 분석하지 않게 되지요.

이 귀는 우리가 삶에, 즉 우리 내면에서 진행되는 삶에 연결되도록 돕습니다. 그리고 우리 내면에서 진행되는 삶은 우리의 욕구가 무엇인가를 볼 때 가장 명료하게 드러날 수 있습니다. 이 상황에서 내 욕구는 무엇인가? 욕구에 연결되면 강렬한 감정이 들지만, 분노를 느끼는 일은 절대로, 절대로 없습니다. 분노는 삶을 소외시키는 생각, 욕구와 단절된 생각의 결과입니다. 분노는 내가 머리로 가서 상대방의 잘못을 따지기로 했으며, 내가 내 욕구와 단절되어 있다는 신호입니다. 내 욕구는 현재 진행되고 있는 것, 지금 이 순간의 분노라는 내 감정을 자극했습니다. 하지만 나는 내 욕구를 의식하지 못한

채, 나의 충족되지 않은 욕구와 관련하여 상대에게 어떤 잘못이 있는지에 의식을 집중하고 있지요.

이미 말씀드렸다시피, 다른 사람의 욕구와 연결되면 절대로 화가 나지 않습니다. 분노를 억누르고 있는 것이 아니라 아예 그것을 느끼지 않는 것이죠. 우리가 어떻게 느끼는가는 매 순간에 우리가 다음 네 가지 선택지 가운데 하나를 선택한 결과입니다. 머리로 가서 다른 사람을 판단하기로 선택하는가? 머리로 가서 자기 자신을 판단하기로 선택하는가? 상대방의 욕구와 공감으로 연결하기로 선택하는가? 나 자신의 욕구와 공감으로 연결하기로 선택하는가?

우리의 느낌을 결정하는 것은 그 선택입니다. 그래서 비폭력대화는 '왜냐하면' 다음에 아주 중요한 단어, 즉 '너'가 아니라 '나'가 올 것을 요구합니다. 예컨대, "내가 _____하기 때문에 나는 화가 난다."처럼 말이지요. 이 표현은 다른 사람의 행동이 아니라 내가 한 선택이 우리 느낌의 원인임을 우리에게 상기시켜 줍니다.

저는 모든 분노가 삶을 소외시키고 폭력을 부추기는 생각의 결과라고 봅니다. 하지만 분노를 온전히 표현한다는 것은 우리의 온 의식을 충족되지 않은 욕구에 집중하고 있음을 의미한다는 점에서, 모든 분노는 정당합니다. 지금 충족되지 않고 있는 욕구가 존재합니다. 따라서 느낌은 정당합니다. 제 말씀인즉, 욕구가 충족되지 않고 있다는 점에서 우리는 그 느낌에 대한 **권리**가 있다는 것입니다. 우리는 그 욕구를 충족시켜야 합니다. 우리는 그 욕구를 충족시키도록 우리를 움직이게 할 에너지가 필요합니다. 분노는 욕구 충족이라는 방향에서 벗어나 처벌 행동에 나서도록 그 에너지를 탈선시키는데, 그런 의미에서 그것은 파괴적 에너지라고 할 수 있습니다.

철학적인 것에서 방법론적·실제적인 것으로

제가 지금 말씀드리는 것이 철학적이기보다는 방법론적이라는 점을 보여 드리려 합니다. '방법론적'이라는 말의 의미를 설명드리기 위해, 앞에서 말씀드린 수감자의 예로 돌아가 보겠습니다. 저는 철학적 원리들이 아니라 방법론적 원리들에 입각해 그에게 NVC 프로세스를 설득하려고 애썼습니다.

그래서 간수들이 부탁에 답하지 않았다고 그가 말했을 때 저는 "좋아요. 그런데 무엇 때문에 화가 났나요?"라고 물었습니다. 그가 답했어요. "말씀드렸잖아요. 그들이 제 부탁에 답하지 않았다고." 제가 말했습니다. "멈추세요. '**그들이** ……했기 때문에 나는 화가 났다'고 말하지 마세요. 멈추고서, 당신을 그처럼 화나게 만드는 어떤 말을 지금 자신에게 하고 있는지 의식해 보세요." 하지만 그는 자기 내면에서 일어나는 일을 잘 가려보게 해 줄 철학적 또는 심리학적 훈련을 받은 적이 없었어요.

그래서 제가 말했죠. "멈추세요. 속도를 늦추고, 그냥 들으세요. 내면에서 어떤 일이 일어나고 있나요?" 그러자 마침내 그가 말했습니다. "저는 저 자신에게 그들은 사람을 전혀 존중하지 않는다고 말하고 있습니다. 그들은 차갑고, 얼굴 없는 관료들이에요." 그는 끝없이 말을 이어 갔고, 제가 말했습니다. "멈추세요, 그걸로 충분합니다. 그걸로 충분해요. 그래서 당신이 화가 난 겁니다."

이어서 제가 이렇게 물었습니다. "자, 당신을 그토록 화나게 만드는 것은 그런 유의 생각입니다. 이제 당신의 욕구에 주의를 집중해 보세요. 이 상황에서 당신의 욕구는 무엇입니까?" 그는 꽤 오래 생각하더니 이렇게 답했습니다. "마셜, 제가 요청하는 그 교육이 제게는 꼭 필요해요. 그 교육을 못 받으면, 여기서 나가더라도 분명히 다시 돌아오고 말 거예요."

여성 1 무슨 말씀이신지 이해는 되지만, 그렇게 하려면 초인적인 능력이 필요할 것 같아요. 순식간에 일어나는 것 같은 분노에 대응해 실제로 그런 여러 사고 단계들을 거칠 수 있으려면, 지금의 저보다 훨씬 대단한 사람이 되어야 할 것 같은데요.

마 셜 입만 다물면 됩니다. 아시겠어요? 저는 그게 그렇게 초인적인 행동이라고 보지 않습니다. 그냥 입을 닫고, 다른 사람을 비난하는 말을 하거나 처벌하는 행동만 하지 않으면 됩니다. 그래요, 일단 멈춘 뒤에, 숨을 쉬면서 이 단계들을 밟는 것 말고는 아무것도 하지 마세요. 첫 번째이자 아주 중요한 단계가 바로 입을 닫는 겁니다.

여성 1 하지만 선생님께서 앞에서 예로 드신, 약속 시간에 삼십 분이나 늦는 사람 말씀인데요. 저는 그 사람이 나타나기도 전에 벌써 '나를 데리러 오지 않다니 어떻게 이럴 수가 있지?', '그 사람은 내 부탁을 제대로 기억한 적이 한 번도 없어.' 하고, 부글부글 속을 끓이면서 끝도 없이 그런 생각들을 하고 있거든요.

마 셜 제 말씀은, 기다리는 동안에 마음을 편안하게 하기 위해 할 수 있는 일이 있고, 그러면 욕구를 충족시킬 가능성도 커지리라는 겁니다. 우리가 지금 이야기하는 단계들을 거치면, 그 사람이 도착했을 때 다음번에는 시간 약속을 지키게 만들 가능성이 더 큰 말을 할 수 있을 거예요. 그것이 초인적인 행위처럼 보이지 않도록 제가 명료하게 설명할 수 있으면 좋겠네요. 분노를 억누르려는 것이 오히려 초인적인 행동입니다.

우리가 이 자리에서 정말로 이루려는 것은 매 순간 우리의 주의가 삶에 연결되도록 하는 것입니다. 우리는 우리 안에서 진행되는 삶, 지금 이 순간의 우리 욕구들에 연결하고, 다른 사람들 안에서 진행되는 삶에 우리의 주의를 집중합니다.

사례: 한 여성의 분노

여성 2 제가 겪은 일을 말씀드릴게요. 제가 어떤 사람하고 이야기를 하고 있는데, 제3의 사람이 끼어들어서 저를 빼놓고 그 사람하고만 이야기를 하기 시작하는 거예요. 그 남자는 심지어 이 지역에 백인들만 있었으면 좋겠다는 말까지 하더군요.

마 셜 그래서요?

여성 2 그래서 하던 대화를 계속 즐기고 싶은 제 욕구가 충족되지 않아서 화가 났지요.

마 셜 잠깐만요, 정말 그럴까요? 제 생각엔 그래서 화가 난 게 아니에요. 저는 우리의 욕구가 충족되지 않아서 화가 나는 게 아니라고 생각합니다. 틀림없이 그 순간에 그 사람에 대한 어떤 생각이 머릿속에 있어서 화가 났을 거예요. 그러니까 그 사람에 대해 화가 나게 만든 어떤 말을 자신에게 하고 계셨는지 지금 의식해 보세요.

자, 이 지역에 백인들만 있었으면 좋겠다고 말하는 사람이 선생님을 빼고 원래 선생님의 대화 상대였던 사람하고만 이야기하고 있습니다. 그리고 선생님은 화가 났습니다. 왜 화가 났나요? 자신에게 뭐라고 말씀하셨어요?

여성 2 '이 사람 도대체 뭐하는 거지? 내가 하고 있던 대화를 가로채다니.'라고 말했어요.

마 셜 '이 사람 도대체 뭐하는 거지?'라는 질문 뒤에 있는 것을 생각
해 보세요. 그런 행동을 한 그 사람에 대해 어떻게 생각하시
나요?

여성 2 그 사람을 어떻게 생각하냐고요?

마 셜 네.

여성 2 글쎄요, 별로 좋은 생각은 아니에요.

마 셜 저는 그 질문 뒤에 그런 생각이 있다고 봅니다. 저는 지금 선
생님으로 하여금 어떤 생각을 가지도록 만들려는 게 아닙니
다. 다만 제가 거기에 있을 거라고 예상하는 생각을 선생님이
알아차리기를 바랄 뿐이지요. 그 생각은 아마 아주 빨리 진행
되고 있었을 거예요.

여성 2 아니에요, 곧바로 저는 따돌림 당한다는 기분이 들었어요.

마 셜 네, 더 가까워졌습니다. 그러니까, 그 사람이 선생님을 따돌린
다고 해석하셨군요. 자, 따돌림 당한다는 이미지가 느낌과 어
떻게 다른지 보세요.

여성 2 그러네요.

마 셜 그건 해석입니다. "난 버림 받았다고 느껴.", "난 주목받지 못
한다고 느껴."와 같지요. 그러니까 실은 이미지에 더 가깝습니
다. 선생님은 따돌림 당한다는 이미지를 가지고 있어요. 또 어
떤 생각이 진행되고 있었나요?

여성 2 둘이 눈을 맞추고서 서로 상대방에게 이야기하고 있었기 때

문에 이미지 이상이었던 것 같은데요. 그리고 둘이 이야기를 나누면서 저한테는 말을 걸지 않았어요.

마 셜 하지만 우리가 그 상황을 보는 방법이 스무 가지는 될 테고, 나를 따돌렸다는 건 그중 하나예요. 그 상황을 해석하는 방법은 그 밖에도 여러 가지가 있을 수 있습니다. 그리고 그것들 하나하나가 선생님이 어떻게 느끼느냐에 큰 영향을 줍니다. 그러니, 다시 한 번 속도를 늦춰 봅시다. 그 순간에 선생님을 화나게 한, 다른 어떤 생각들이 진행되고 있었나요?

여성 2 누군가가 '백인'이라는 단어를 사용하는 것에 관한 생각이 있었죠.

마 셜 네, 점점 더 가까워지고 있는 것 같네요. 누군가가 그런 식으로 '백인'이라는 단어를 사용할 때, 어떤 이미지가 떠오릅니까? 특히 그들이 선생님을 보지 않고 자기네끼리만 바라볼 때요.

여성 2 그들이 말하는 백인에 나는 포함되지 않는다고 스스로에게 말했어요.

마 셜 그러니까 선생님을 배제하는 거군요.

여성 2 그리고 실제로, 그들의 행동과 몸짓 언어 등, 모든 것이 제게 그런 메시지를 전하고 있었어요.

마 셜 그러니까, 선생님은 그들이 인종 때문에 선생님을 배제하고 있다고 믿으시는 건가요? 그렇게 행동하는 사람들에 대해 어떤 생각을 가지고 계세요?

여성 2 생각이 많지요, 그러니까……

마 셜 제가 알아내려는 게 바로 그겁니다. 그 행동에 의해서 그 순간에 그런 생각들이 자극되었고, 그것이 선생님을 화나게 한 거라고 봐요.

여성 2 그런 것 같아요. 선생님 말씀에 동의합니다. 그런 생각들하고 제가 실제로 배제되고 있다는 사실, 둘 다였다고 생각해요.

마 셜 아니요, 선생님은 실제로 배제되고 있었던 게 아니에요. 선생님이 배제되고 있다는 것은 해석이죠. 제가 어떤 관찰이 사실이라고 말할 때의 기준에 따르면, 그 사람이 다른 사람과 눈을 맞추었다, 이게 사실이에요.

그에 대해 자신을 배제한다고 해석하거나, 인종차별이라고 해석하거나, 그 사람이 선생님을 두려워한다고 해석하는 것, 이것들은 다 해석입니다. 그 사람이 선생님을 보지 않았다는 게 사실입니다. 그 사람이 백인에 관해 무언가 말했다는 게 사실이고요. 그런 게 사실이에요. 그런데 그 상황을 따돌림으로 해석한다면, 선생님은 그것을 다른 식으로 볼 때 드는 느낌과 다른 느낌들을 이미 선생님 내면에서 자극하고 있는 겁니다.

여성 3 그러면 저분이 그 상황에 어떻게 대처할 수 있었을까요? 몸짓으로 따돌리고 대화에서도 배제하는 상황에서, 어떻게 자신의 욕구에 다가갈 수 있나요?

마 셜 자신의 분노를 온전히 표현하는 것이 목적이라면, 우리가 지금 무엇과 씨름하고 있는지 깨달아야 한다고, 즉 자신을 그토록 화나게 만드는 어떤 말을 스스로에게 하고 있는지를 알아차려야 한다고 제안하겠습니다. 자, 이 사례에서 사태의 전말은 이런 것 같네요. 저분은 곧바로 인종 때문에 자신이 배제되고 있다고 해석했기 때문에 화가 났습니다. 그 해석이 저분의 머릿속에서 '그건 옳지 않아.', '인종을 근거로 사람을 배제하면 안 되지.' 같은 온갖 생각들을 유발했지요. 마음속 깊이 그런 생각들이 있었습니까?

여성 2 그런 생각들은 나중에 든 것 같아요. 그래요, 처음 든 느낌은 제가 투명인간이 된 것 같고, 당혹스럽고 혼란스럽다는 것이었어요. 왜 그런 일이 일어나는지 이해가 안 갔지요.

마 셜 네, 이번 사례에서 선생님의 즉각적인 반응은 상대방에 대한 판단이 아니었군요. 첫 느낌은 혼란스럽고 당혹스럽다는 것입니다. 그리고 왜 이런 일이 일어나는지 이해하고 싶다는 욕구가 있지요. 생각은 그다음에 진행되기 시작합니다.

여성 2 그때가 바로 화가 나기 시작한 때지요.

마 셜 그런 다음에 화가 나기 시작하는데, 왜 이런 일이 벌어지는지에 관한 가설을 만들기 시작하기 때문이에요. 지금 우리는 그부분, 다시 말해서 '잠깐, 이건 인종 때문에 나를 따돌리고 있는 거야, 난 그게 싫어. 난 그게 인종차별이라고 생각하고, 난 그것이 부당하다고 생각해. 나는 인종을 이유로 누구를 따돌려서는 안 된다고 생각해.'와 같은 해석들에서 비롯하는 분노를 온전히 표현하고 싶어 합니다.

여성 2 네.

마 셜 좋아요, 그것이 두 번째 단계입니다. 첫 번째 단계는 조용히 입을 다물고, 우리를 화나게 만드는 생각들을 찾아내는 겁니다. 그다음 단계는 그러한 생각들 이면에 있는 욕구들과 연결하는 것이지요. 우리가 우리 자신에게 "나는 인종을 이유로 누구를 따돌려서는 안 된다고 생각해, 난 그것이 부당하다고 생각해, 난 그것이 인종차별이라고 생각해."라고 말할 때, 저는 그 모든 판단들—'인종차별'이 좋은 예일 텐데요—이 충족되지 않은 우리 욕구들의 비극적 표현이라고 봅니다. 자, 인종차별이라는 판단 뒤에 있는 욕구는 무엇일까요? 제가 어떤 사람을 인종주의자라고 판단한다면, 제 욕구는 무엇이겠습니까?

저는 포함되고 싶고, 평등하기를 바랍니다. 저는 다른 사람들과 똑같이 존중받고 배려받기를 원합니다. 자, 이제는 분노가 욕구로, 그리고 욕구와 연결된 느낌으로 전환이 되었기 때문에 제 분노를 온전히 표현하기 위해서 입을 열어 그것을 말합니다. 하지만, 아시다시피, 욕구와 연결된 이 느낌들을 표현하기가 분노를 표현하기보다 훨씬 두렵습니다.

"그건 인종차별적인 행동이야."라고 말하는 건 제게 전혀 어려운 일이 아닙니다. 즐겨 그러기도 하고요. 하지만 그 이면에 있는 것을 밝히는 일은 아주 두렵습니다. 느낌들이 인종주의와 깊이 연관되어 있기 때문이지요. 하지만 그래야 분노를 온전히 표현할 수 있습니다. 그렇다면 입을 열고 그 사람에게 이렇게 말할 수 있을 법합니다. "당신이 방금 모임에 와서 다른 사람들하고 이야기를 시작하면서 저한테는 아무 말도 하지 않았을 때, 그러고는 백인에 관한 말을 했을 때, 저는 정말로 화가 나고 두려웠어요. 그런 태도는 곧 제 안에서 동등하게 대우받고 싶다는 온갖 욕구들을 불러일으켰지요. 제가 이런 말을 할 때 어떤 느낌이 드는지 말씀해 주시면 좋겠어요."

여성 2 실은 그 사람하고 그와 비슷한 대화를 했습니다. 그런데도 좌절감과 분노가 다 가시지 않는 건, 한계가 있더라는 거예요. 그 사람이 제 경험을 온전히 이해하지 못한다는 느낌이 들어요.

마 셜 그러니까, 제가 선생님 말씀을 제대로 이해하고 있다면, 그 사람이 선생님의 내면에서 진행되는 모든 것, 선생님의 모든 경험과 진정으로 연결하고 그것을 이해하려고 하지 않는 것 같아서 실망스럽다는 건가요?

여성 2   맞아요. 그리고 여러 해 동안 그 연결과 이해 부족에 대해
          격렬한 분노라고 부를 만한 게 쌓였지요.

제 4 장

우리의 느낌과 욕구를
다른 사람들에게 이해받으려면

마 셜 우리는 그 사람으로부터 이해를 받고 싶습니다. 그래서 분노를 온전히 표현한다는 것은, 내가 그 뒤에 있는 깊은 감정들을 드러낼 뿐 아니라, 상대방이 그것을 이해하도록 해야 한다는 것 또한 뜻합니다.

우리는 그 일을 하는 데 필요한 기술을 어느 정도 익혀야 합니다. 약간의 기술을 개발해야 하는데요, 이를테면 상대방으로부터 이해를 얻고 싶을 때 최선의 방법은 그 사람을 먼저 공감해 주는 겁니다. 상대방이 그렇게 행동하도록 만든 것에 대해 내가 더 많이 공감할수록, 내가 그와 함께한 경험의 심층과 관련된 이야기를 그 사람이 온전히 듣고 이해하게 만들 가능성이 커집니다. 그 이야기를 듣는 것은 그 사람으로서는 아주 힘든 일일 거예요. 그래서, 그 사람이 들어 주기를 바란다면 내가 먼저 공감을 해 주어야 하는 겁니다. 이번과 같은 상황에서 그런 작업이 어떻게 진행되는지 제가 알려 드리겠습니다.

지난 삼십 년 동안 저는 인종주의를 많이 겪었습니다. 완고한 인종주의적 태도를 보이는 사람들을 상대로 NVC를 적용하는 방안을 모색하면서 제 활동을 시작했거든요. 안타깝게도, 제가 일하는 많은 나라들에서 사람들은 아직도 인종주의 문제를 가장 걱정하고 있습니다. 세계 여러 나라에서 스킨헤드와 그 밖의 네오파시스트 단체들 때문에 돌아다니기가 아주 불안합니다. 이것은 아주 큰 쟁점이기 때문에, 우리는 그 사람들을 이해시키는 일에 숙달될 필요가 있습니다.

한번은 제가 택시를 탔는데요. 이른 아침이었고, 차에는 저 말고 한 사람이 더 타고 있었습니다. 택시가 공항에서 우리 두 사람을 태우고서 시내로 가고 있는데, 스피커에서 운전기사에게 전하는 말이 들려왔습니다. "○○ 거리에 있는 유대교 회당에서 피쉬맨(유대인에게 흔한 성—옮긴이) 씨를 태우세요."

그러자 옆자리에 앉은 남자가 제게 이렇게 말하더군요. "이 유대인 놈들은 온 세상 사람 돈을 우려내려고 아침에 일찍도 일어나네요."

그보다 훨씬 덜한 말을 듣고도 열이 뻗치는 터라, 그 말을 들으니 정말 몸에서 열불이 나더군요. 예전 같았으면 바로 상대방을 두들겨 패는 식으로 대응했겠지요. 저는 이십 초가량 심호흡을 하면서 제 안의 모든 상처와 두려움, 분노, 제 안에서 진행되는 그 밖의 것들에 대해 스스로 공감을 해 주어야 했습니다. 네, 저는 그것들에 그렇게 귀를 기울입니다. 그리고 제 분노가 그로 인한 것이 아니고, 그의 말로 인한 것이 아님을 의식합니다. 저의 분노, 강한 두려움은 그런 말 한마디로 자극될 수 없습니다. 그보다 훨씬 깊은 데에서 비롯한 것이지요.

저는 제 분노가 그의 말과 아무 상관도 없음을 압니다. 그의 말은 단지 화산처럼 폭발하고 싶도록 저를 자극했을 따름이지요. 그래서 저는 느긋하게 앉아서 제 머릿속에서 진행되는 이 '판단 쇼'를 즐겼어요. 그 남자의 머리를 뽑아서 산산조각 내 버리는 이미지를 즐겼습니다. 하지만 그런 다음에 제 입에서 나올 첫마디는 "지금 ……하게 느끼고 ……를 원하시나요?"가 되겠지요. 저는 그 사람에게 공감해 주고 싶었습니다. 왜냐고요? 그 사람의 말을 들었을 때 제 안에서 어떤 일이 벌어지고 있었는지 그가 알아주었으면 했으니까요. 하지만 제 안에서 진행되는 일을 아무리 이해받고 싶더라도, 상대방의 마음속에서 폭풍이 일고 있다면 그럴 수 없다는 것을 저는 이미 알고 있었지요.

그래서 저는 그 말 뒤에 있는, 그 사람 안에서 생동하는 에너지와 연결하고 그것을 존중하는 마음을 담아 공감을 표하고 싶었습니다. 그래야 상대방이 제 말을 들을 수 있게 된다는 것을 경험을 통해 알고 있었기 때문이지요. 생각만큼 쉽지는 않겠지만, 제 말을 들을 마음이 생길 겁니다. 그래서 저는 이렇게 말했습니다. "유대인하고 뭔가 안 좋은 경험이 있으신가 봐요?" 그 사람이 저를 보더니 이렇게 답하더군요. "네. 유대인이라면 아주 진저리가 나요. 돈만 주면 뭐든지 다 할 인간들이죠." "유대인을 아주 불신하고, 금전 문제로 유대인을 상대할 때 스스로를 보호하고 싶어 하시는 것 같네요." "맞아요." 그런 말을 그는 이어 갔고, 저는 계속 그의 느낌과 욕구를 들었습니다.

우리가 상대방의 느낌과 욕구에 온전히 주의를 기울이면 갈등이 없습니다. 그의 느낌과 욕구가 무엇이었습니까? 그가 두려워하고 있고 자신을 보호하고 싶어 한다는 말을 들을 때 저 역시 그런 욕구들을 가지고 있습니다. 저도 스스로를 보호하고 싶은 욕구가 있지요. 저는 두려움을 느낀다는 게 어떤 건지 알고 있습니다. 상대방의 느낌과 욕구에 의식을 집중할 때, 저는 우리 경험들의 보편성을 깨닫게 됩니다. 저는 그의 머릿속에서 진행되는 것, 그의 사고방식은 정말로 마음에 안 듭니다. 하지만 생각을 듣지 않을 때 남들과 훨씬 더 잘 지낼 수 있다는 것을 저는 알고 있습니다. 특히 이 남자처럼 생각하는 사람들을 대할 때, 그들의 머리에서 나오는 말에 사로잡히지 않고 가슴에서 진행되는 것을 들으면 인생을 훨씬 더 즐길 수 있다는 것을 알고 있습니다. 잠시 후, 아니나 다를까 그 사람은 자신의 슬픔과 좌절감을 쏟아 내고 있었습니다. 그리고 어느 틈엔가 유대인 문제를 떠나서 이제 흑인과 다른 인종 집단들 문제에 열중하고 있었지요. 그 사람은 온갖 문제로 많은 고통을 겪고 있었습니다.

제가 십 분쯤 묵묵히 이야기를 들어 준 다음에야 비로소 그는 말을 멈추더군요. 자신이 이해받고 있다고 느낀 거지요. 이제 제 안에서 어떤 일이 일어나고 있었는지 그에게 알려 줄 때가 되었습니다. 제가 말했습니다. "선생님께서 처음에 이야기를 시작하셨을 때 저는 크게 좌절하고 실망했습니다. 제가 겪은 유대인들은 선생님 생각과 아주 달랐거든요. 그래서 저는 선생님께서 저와 같은 경험을 훨씬 더 많이 하시게 되기를 바라고 있었습니다. 제가 말씀드린 것을 들으신 대로 제게 이야기해 주시겠어요?" "이봐요, 그들이 모두 그렇다는 게 아니라……" "실례지만, 잠깐만요, 잠깐만요. 제가 말씀드린 것을 들으신 대로 제게 이야기해 주시겠어요?" "무슨 말을 하는 겁니까?" "제가 드리려는 말씀을 다시 한 번 해 드릴게요. 제가 선생님 말씀을 들었을 때 느꼈던 고통을 선생님께서 들어 주시기를, 진정으로 들어 주시기를 저는 바랍니다. 선생님께서 그것을 들어 주시는 게 제게는 정말 중요합니다. 제가 겪은 유대인들은 아주 달랐기 때문에 저는 정말로 슬펐고, 선생님께서도 제가 겪은 것과 같은 경험을 하실 수 있게 되기를 진심으로 바라고 있었다고 말씀드렸습니다. 제가 말씀드린 것을 들으신 대로 제게 이야기해 주시겠어요?"

"그러니까, 제게 그런 말을 할 권리가 없다는 말씀이군요."

제가 답했습니다. "아니요, 선생님을 비난하려는 게 전혀 아닙니다. 정말이지, 제게는 선생님을 비난하고 싶은 욕구가 조금도 없습니다."

보세요. 조금이라도 비난하는 말을 듣는다면, 그는 제 고통을 알아차리지 못합니다. 못 하고 말고요. 너무도 분명합니다. 만일 그 사람이 "내가 그런 형편없는 말을 하다니, 그건 인종차별적인 말이야, 그런 말은 하지 말았어야 했어."라고 말한다면 그는 제 말을 이해하지 못한 겁니다. 자기가 뭔가 잘못했다는 말을 듣는다면 그는 이해하지 못합니다. 그 사람의 말을 들을 때 제 가슴에서 이는 고통에 그가 귀 기울여 주기를 저는 바랍니다. 그 사람이 그런 말을 할 때 저의 어떤 욕구들이 충족되지 않는지를 그가 알아주었으면 합니다. 저는 그를 비난하고 싶지 않습니다. 그건 너무 안이하니까요.

그래요, 우리는 이해받기 위해 노력해야 합니다. 그렇게 판단하는 사람의 귀를 잡아 당겨야 하지요. 왜냐고요? 판단하는 사람들은 느낌과 욕구를 듣는 데 익숙하지 않기 때문입니다.

그들은 비난을 듣는 데 익숙합니다. 그리고 비난을 들으면 그에 동조해서 자신을 미워하거나 그에 반발해서 자기를 인종주의자라고 부르는 상대방을 미워하는데, 어느 쪽을 택하든 그들은 계속 예전처럼 행동하게 됩니다. 그래서 그들을 이해시킬 필요가 있다고 말씀드리는 겁니다. 그러려면 먼저 그들의 고통을 얼마간 들어 주어야 할 수도 있습니다. 저만 해도 몇 년 동안 아주 많은 작업을 하고 나서야 그런 사람들의 고통을 들을 수 있게 되었답니다. 정말로 많은 작업을 했지요.

여성 2 저는 아직도 저 자신을 보호할 수 있기를 바라는 것 같아요. 그때도 그럴 수만 있었다면 그 사람을 아예 상대하지 않았을 텐데, 그쪽에서 제가 있는 곳으로 오는 바람에 어쩔 수 없이 관여하게 된 거였거든요. 그래서 선생님께서 무슨 말씀을 하시려는 건지 잘 모르겠어요.

마 셜 제 말씀은, 그 사람에게 분노를 온전히 표현하고 싶을 때, 저라면 방금 말씀드린 과정을 거치겠다는 겁니다. 하지만 제가 항상 그런 사람에게 제 분노를 온전히 표현하고 싶어 하는 것은 아닙니다. 그 사람을 무시하고 다른 사람을 찾아가서 이 문제를 논하고 싶을 때도 아주 많지요. 하지만 그런 사람들에게 정말로 제 분노를 온전히 표현하고 싶다면, 저는 그런 행동을 접할 때 제 안에서 이는 깊은 느낌과 욕구를 그들이 들을 수 있도록 하는 데 필요한 공감을 그들에게 제공할 겁니다.

그것이 제가 지금까지 알아낸, 제 분노를 정말로 온전히 표현하는 방법, 그런 사람들이 제 안에서 일어나는 일을 진정으로 깊이 있게 이해하도록 하는 방법이었습니다. 선생님께서 지적하신 대로, 단지 쏟아 내는 것만으로는 충분치 않습니다. 저는 그들이 그것을 이해하기를 바랍니다. 그들이 그것을 공감으로 듣기를 원합니다. 그들이 동의해야 한다는 말이 아닙니다. 그들이 그런 행동을 바꾸어야 할 필요조차 없습니다. 그들이 제 안에서 일어나는 일을 들어 주기만 하면 됩니다. 그래서 저는 택시 안에서 이십 초 동안 평생의 일을 마음속에 떠올리면서 느긋하게 그것을 음미했던 것이지요.

여성 3 그건 어떻게 하는 건가요?

머릿속에서 진행되는 '판단 쇼' 즐기기

마 셜   제 안에서는 이런 일이 일어납니다. 얼마 전 제가 어떤 나라
에 있을 때 한 사람이 판단을 저에게 아주 강하게 들이댄 적
이 있는데, 제 반응이 어땠는지 말씀드릴게요. 그 사람은 이러
니저러니 강한 판단 말들을 쏟아 냈습니다. 제 대응은 이랬어
요. [마셜, 잠시 침묵한다.] "그러니까 선생님은 정말 화가 나셨
고, 이러저러하기를 바라시는군요." "네, 어쩌고 저쩌고 어쩌
고 저쩌고." [마셜, 다시 침묵한다.] "그러니까 선생님은 이런저
런 걸 바라기 때문에 속이 좀 상하신 것 같군요." "네, 그리고
어쩌고 저쩌고 어쩌고 저쩌고."

어쨌든 그런 식으로 몇 번 주고받은 뒤에 대화가 끝났는데,
나중에 한 여성 분이 제게 말하더군요. "선생님처럼 연민이 넘
치는 분은 본 적이 없어요. 방금 선생님께 말한 식으로 누군
가가 저한테 말했다면, 저는 아마 한 대 쳤을 거예요. 어떻게
그러실 수 있지요?"

그래서 제가 말했죠. "제 안에서 어떤 일이 벌어지고 있었
는지 말씀드릴게요. 그 사람이 처음 한 말, 기억하세요?" "네."
"그에 대한 제 안의 즉각적 반응은 이랬습니다. 입 닥치지 않
으면 당신 머리를 당신 #@$#에 처박아 버리겠어. 사실은 벌
써 처박혔으니까, 뭔가 보려면 셀로판 배꼽이 필요할걸."

이어서 그 여성 분에게 이렇게 말했어요. "그런데 상황은 더 나빠졌어요. 정말 생생한 이미지가 제 머릿속에 떠올랐는데, 저는 그 사람의 말이 제가 어렸을 때 당했던 어떤 조롱과 아주 비슷하다는 것을 깨닫기 시작했지요. 그리고 그 뒤에 제가 엄청난 두려움 같은 것을 품고 있다는 사실을 깨달았어요. 분노와 그 사람을 마구 흔들어 주고 싶은 마음을 지나, 제 의식은 그 이면에 있는 모욕감으로 나아갔지요. 저는 그냥 멈추고 들었습니다. 그리고 모욕감과 모욕당할지 모른다는 두려움을 알아차리게 되자, 몸이 편안해졌어요. 그다음에야 비로소 저는 선생님이 아까 들으신 것처럼 말할 수 있었습니다. 제 주의를 밖으로 돌려 그 사람의 느낌과 욕구에 집중하게 된 것이지요."

"다음으로, 저를 강타한 그 사람의 두 번째 말을 기억하시나요?" "네." "그에 대한 저의 즉각적 반응은 이랬습니다." 제가 그 내용을 말해 주니까 그 여성 분은 눈이 휘둥그레지면서 "선생님께서 그렇게 폭력적인 분인 줄 정말 몰랐어요."라고 말하더군요. 그렇게 저는, 몇 마디 주고받는 사이에 연민 넘치는 사람에서 아주 폭력적인 사람으로 바뀌었답니다.

네, 그 둘은 다 제 안에 있습니다. 제 안에는 문화와 그 밖의 요인들의 영향으로 형성된 엄청난 폭력성이 있습니다. 그래서 저는 그것을 즐깁니다. 화가 날 때면 느긋하게 앉아서 제 머릿속에서 진행되는 폭력적인 쇼를 그냥 지켜보지요. 상대방에게 쏟아 내고 싶은 온갖 폭력적인 말들을 듣고 상대방에게 해 주고 싶은 행동들을 본 다음에, 저는 그 뒤에 있는 고통에 귀를 기울입니다. 그리고 그 뒤에 있는 고통을 이해하면 언제나 긴장이 풀립니다.

그다음에야 비로소 저는 상대방의 인간다움(humanness)에 주의를 기울일 수 있게 됩니다. 저는 아무것도 억누르지 않아요. 오히려 정반대죠. 저는 즐깁니다. 제 머릿속에서 진행되는 폭력적인 쇼를 말이에요.

여성 4 그걸 단지 행동으로 옮기지만 않는 거군요.

마 셜 행동으로 옮기지 않을 뿐이에요. 그대로 행동하는 것은 너무 피상적이기 때문이지요. 이야기 도중에 바로 끼어들어서 상대방을 비난한다면, 우리는 결코 이 모든 것 뒤에 있는 고통까지 가닿지 못할 겁니다. 상대방에게 제 욕구들을 온전히 표현하고 상대방이 그것들을 이해하게 할 수 없을 거예요. 그저 서로 싸움이나 하게 될 텐데, 그 결말이 어떨지 저는 압니다. 설령 제가 이기더라도 기분 좋을 리 없어요. 그건 아니죠. 저는 제 안에서 일어나는 일을 온전히 표현하고 싶습니다.

천천히 하세요

여성 5 앞에서 이 프로세스는 느린 과정이라고 말씀하셨지요. 자신에게 공감을 해 줄 시간이 필요하다고요. 그런데 대화하려 애쓰는 와중에 그럴 시간까지 챙기려면, 상대방에게 "잠깐만요. 생각 좀 한 다음에 답할게요."라고 말해야겠군요. 응답을 제대로 하려면 더 천천히 생각을 해야 할 테니까요.

마 셜 맞아요. 저는 제 친구 아들의 사진을 항상 가지고 다니는데요. 그 아이가 레바논 전투에서 사망하기 전에 마지막으로 찍은 사진입니다. 제가 이 사진을 가지고 다니는 것은, 사진에서 아이가 입고 있는 티셔츠에 "천천히 하세요."라는 문구가 있기 때문입니다. 그것은 제게 아주 강력한 상징입니다. 제가 NVC 프로세스를 배우고 그에 따라 살아가는 법을 배우면서 아마 가장 중요하게 생각하는 대목일 겁니다. 천천히 하세요. 네, 예전에 훈련받은 대로 행동하지 않는 것이 어색하게 느껴질 때도 있지만, 저는 시간을 가지고 천천히, 그래서 우리 문화가 주입한 프로그램을 자동으로 수행하는 로봇 같은 삶 말고 제가 중시하는 가치들과 조화를 이루는 삶을 살고 싶습니다. 그러니까 시간을 가지고 천천히 하세요. 어색하게 느껴질 수도 있지만, 그것이 나다운 삶입니다. 제가 원하는 삶을 살기 위해, 저는 시간을 가지고 천천히 할 겁니다. 그 때문에 바보

처럼 보이더라도 말이지요.

제 친구 샘 윌리엄스는 이 프로세스를 작은 카드에 적어 가지고 다니면서, 직장에서 커닝 페이퍼처럼 활용하곤 했어요. 윗사람이 판단을 들이대면, 그는 일단 속도를 늦추었습니다. 멈추고서, 손 안의 카드를 내려다보며 어떻게 대응해야 하는지 기억을 되살렸지요. 그래서 한번은 제가 물었습니다. "샘, 그렇게 손을 내려다보면서 오랫동안 뜸을 들이면 사람들이 좀 이상하다고 생각하지 않아?" 그랬더니 이렇게 답하더군요. "실은, 그렇게 시간이 오래 걸리지는 않아. 혹시 그렇다 하더라도 신경 안 쓰고 말야. 난 내가 원하는 대로 대응하고 있는지 정말로 확인하고 싶거든." 하지만 집에서는 분명하게 이야기를 했답니다. 아이들과 아내에게 왜 그 카드를 가지고 다니는지 설명한 거죠. "이상해 보일 수도 있고 시간이 많이 걸릴 수도 있지만, 그래서 이 카드를 쓰는 거야." 식구들 사이에 다툼이 생길 때에도 샘은 같은 식으로 카드를 활용했는데, 한 달쯤 지나니까 카드를 치워도 될 만큼 편안해졌다고 합니다. 그러던 어느 날, 네 살배기 아들하고 텔레비전 때문에 갈등이 생겼는데 해결이 잘 안 되었대요. 그랬더니 아이가 "아빠, 카드 가져와요." 하더랍니다.

분노에 관한 단상들

- 주어진 상황을 어떻게 보느냐가 내가 그 상황을 바꿀 힘을 가질지, 아니면 상황을 더 악화시킬지에 크게 영향을 줍니다.

- 다른 사람이 우리를 화나게 할 수 있는 방법은 단 한 가지도 없습니다.

- **해야만 한다(should)**라는 단어를 포함하는 모든 생각은 폭력을 자극합니다.

- 욕구가 충족되지 않아서 화가 나는 것이 아닙니다. 다른 사람들

에 대한 판단 때문에 화가 나는 것이지요.

- 분노는 자연스럽지 못한 생각에 의해 촉발되는 자연스러운 느낌입니다.

- 사람들에 대해 판단하는 것이 잘못이라고 말씀드리는 것이 아닙니다. 그런 판단이 우리를 화나게 하는 원인임을 의식하는 것이 중요하다는 말씀이지요.

- 판단을 소리 내어 말하지 않더라도 우리 눈이 그러한 생각을 보여 줍니다.

- '**내가 ……하기 때문에 나는 ……하게 느낀다.**'라는 표현을 이용해서, 다른 사람의 행동이 아니라 우리가 한 선택이 우리 느낌의 원인임을 스스로 일깨웁시다.

- 우리 안에서 진행되는 삶은 우리 욕구를 볼 때 가장 명료하게 파악할 수 있습니다. "이 상황에서 내 욕구는 무엇인가?"라고 스스로 물어보세요.

- 욕구와 연결될 때 우리는 강렬한 느낌을 품게 되지만, 결코 분노를 느끼지는 않습니다. 저는 모든 분노가 소외된 삶에서 비롯한, 폭력적이고 자극적인 생각의 결과라고 봅니다.

- 살인은 너무 피상적입니다. 제가 보기에, 다른 사람을 죽이거나 비난하거나 해치는 것은 모두 우리 분노를 아주 피상적으로 표현하는 행위들입니다.

- 우리의 목표는 매 순간 우리의 주의를 삶에, 우리 안에서 진행되

는 삶에 연결되도록 하는 것입니다. 지금 이 순간, 나의 욕구는 무엇입니까? 다른 사람들 안에서는 무엇이 생동하고 있습니까?

- 슬픔은 우리를 움직여 우리 욕구를 충족시키게 만드는 느낌입니다. 분노는 우리를 움직여 다른 사람들을 비난하고 처벌하게 만드는 느낌입니다.

- 분노를 온전히 표현한다는 것은, 내가 그 뒤에 있는 깊은 느낌들을 드러낼 뿐 아니라, 상대방이 그것을 이해하게 한다는 것 또한 뜻합니다.

- 분노를 온전히 표현한다는 것은 우리의 의식을 충족되지 않고 있는 욕구에 온전히 집중한다는 것입니다.

- 상대방의 이해를 구하는 가장 좋은 방법은 먼저 그 사람을 이해해 주는 것입니다. 다른 사람들이 나의 욕구와 느낌을 들어 주기를 바란다면, 내가 먼저 공감을 해 주어야 합니다.

- 상대방이 필요로 하는 공감을 해 주면, 그리 어렵지 않게 그 사람으로 하여금 내 말을 듣게 할 수 있습니다.

- 분노는 NVC에서 아주 소중한 느낌입니다. 그것은 일종의 경보입니다. 분노는 우리가 우리 욕구를 충족시키지 못할 것이 거의 확실한 방식으로 생각하고 있다고 말해 줍니다. 우리는 왜 그렇게 생각할까요? 화가 났을 때 우리 에너지가 우리 욕구와 단절되고, 우리는 심지어 자기 욕구가 무엇인지조차 의식하지 못하기 때문입니다.

NVC를 적용하는 방법

말하기	듣기
상대를 비난하지 않으면서 나 자신을 솔직하게 표현하는 것	상대방의 말을 공감으로 들을 때

관찰

상황을 있는 그대로 관찰하기 (보고, 듣고, 기억하고, 상상한 것) "내가 ~을 보았을(들었을) 때"	**상황을 있는 그대로 관찰하기** (보고, 듣고, 기억하고, 상상한 것) "네가 ~을 보았을(들었을) 때" (공감을 할 때 생략하기도 함)

느낌

나의 느낌(생각보다는) "나는 ~하게 느낀다."	**상대방의 느낌(생각보다는)** "너는 ~하게 느끼니?"

욕구/필요

나의 느낌 뒤에 있는 욕구/필요 (특정한 선호하는 방법이 아닌) "왜냐하면 나는 ~이 필요(중요)하기 때문에……"	**상대방의 느낌 뒤에 있는 욕구/필요** (특정한 선호하는 방법이 아닌) "왜냐하면 너는 ~이 필요(중요)하기 때문에……"

부탁/요청

내가 부탁하는 구체적인 행동 (강요가 아닌) **연결부탁** "내가 이렇게 말할 때 너는 어떻게 느끼니(생각하니)?" **행동부탁** "~를(을) 해 줄 수 있겠니?"	**상대가 부탁하는 구체적인 행동** (강요가 아닌) "너는 ~를 바라니?" (공감을 할 때 생략하기도 함)

느낌말 목록(예시)

욕구가 충족되었을 때

- 가벼운
- 뭉클한
- 안심한
- 편안한
- 흐뭇한

- 고마운
- 뿌듯한
- 자랑스러운
- 평온한
- 흥미로운

- 기쁜
- 생기가 도는
- 즐거운
- 평화로운
- 희망에 찬

- 든든한
- 신나는
- 충만한
- 홀가분한
- 힘이 솟는

욕구가 충족되지 않았을 때

- 걱정되는
- 난처한
- 불편한
- 외로운
- 지루한

- 괴로운
- 답답한
- 슬픈
- 우울한
- 짜증 나는

- 꺼림칙한
- 당혹스러운
- 실망스러운
- 절망적인
- 혼란스러운

- 낙담한
- 두려운
- 아쉬운
- 조바심 나는
- 화나는

보편적인 욕구 목록

자율성autonomy

- 꿈/목표/가치를 선택할 수 있는 자유
- 자신의 꿈/목표/가치를 실현하기
  위한 방법을 선택할 자유

인생예찬/축하celebration/애도mourning

- 생명의 탄생이나 꿈의 실현을 축하하기
- 잃어버린 것(사랑하는 사람, 꿈 등)을
  애도하기

진정성/온전함integrity

- 자기 존재에 대한 믿음
- 창조성 •의미 •자기 존중
- 정직(우리의 한계에서 배울 수 있게
  힘이 되는 정직)

몸 돌보기physical nurturance

- 공기 •음식 •물
- 신체적 보호 •따뜻함
- 자유로운 움직임 •운동
- 휴식 •성적 표현 •주거 •잠

놀이play

- 재미
- 웃음

영적 교감spiritual communion

- 아름다움
- 조화 •영감
- 평화 •질서

상호 의존interdependence

- 수용 •감사 •친밀함
- 공동체 •배려
- 삶을 풍요롭게 하기 위한 기여
- 정서적 안정 •공감
- 돌봄 •소통
- 협력 •나눔
- 인정 •우정
- 사랑 •안심
- 존중 •지지
- 신뢰 •이해

CNVC와
한국NVC센터^(한국비폭력대화센터)에 대하여

CNVC(The Center for Nonviolent Communication)

CNVC는 NVC를 배우고 나누는 일을 지원하고, 개인과 조직, 정치적 환경 속에서 일어나는 갈등들을 평화롭고 효과적인 방법으로 해결하는 것을 돕기 위해 1984년 마셜 로젠버그가 설립했다.

CNVC는 모든 사람의 욕구를 소중히 여기고, 삶이 가진 신성한 에너지와 연결된 의식 속에서 살아가는 사람들이 서로에게 즐거운 마음으로 기여하며, 갈등을 평화롭게 해결하는 세상을 지향

한다.

　CNVC는 지도자인증프로그램, 국제심화교육(IIT), NVC 교육과 NVC 공동체 확산을 위한 활동을 하고 있다. 현재 900여 명의 국제 인증지도자들이 전 세계 80개국이 넘는 지역에서 활동하고 있다.

9301 Indian School Rd NE Suite 204

Albuquerque, NM 87112-2861 USA

website: www.cnvc.org / email: cnvc@cnvc.org

한국NVC센터(한국비폭력대화센터)

　모든 사람들의 욕구가 존중되고 갈등이 평화롭게 해결되는 사회의 꿈을 가진 사람들이 2006년 캐서린 한Katherine Singer과 힘을 모아 만든 비영리 단체이다. 한국NVC센터는 NVC 교육과 트레이너 양성을 통해 우리 사회에 기여하기 위해 설립되었다. 교육은 (주)한국NVC교육원에서 진행하고 한국NVC센터(NGO)는 NVC의 의식을 나누는 활동을 하고 있다.

한국NVC센터가 하는 일

- NVC 교육 (한국어/영어)

소개, NVC 1 2 3, NVC 집중, NVC LIFE, IIT(국제심화교육), 중재교육, 부모교육, 놀이로 어린이들에게 NVC를 가르치는 스마일 키퍼스 Smile Keepers, 가족캠프, NVC 심화를 돕는 다양한 주제별 강의 등

- 외부 교육

  기업, 학교, 법원 등 각종 기관과 조직 안에 소통을 통한 조화로운 관계를 만들기 위하여 요청과 필요에 맞춰 교육과정을 제공한다.

- 상담(개인/부부/집단)

  내담자의 느낌과 욕구에 공감하며, 더 행복하게 사는 데 도움이 되는 행동이나 결정을 내담자가 찾아가도록 도와준다.

- 중재

  한국NVC중재협회를 통해 중립적인 위치에서 느낌과 욕구에 기반을 둔 대화를 도와줌으로써 모두의 욕구가 충족될 수 있는 방법을 찾아가도록 한다. 현재 지방법원과 서울가정법원에서 조정위원으로 활약하고 있다.

- 연습모임 지원

  모임을 위한 장소를 대여하고 연습을 위한 정보와 자료를 제공한다. 현재 전국에서 50개의 모임이 진행되고 있다.

- 교재·교구 연구개발, 제작 및 판매

- 번역, 출판 사업

＊그 밖에도 비폭력대화의 확산을 위해 보호관찰소, 법원, 공부방 등과 탈북인을 위한 여러 가지 일을 하고 있다.

사회공헌사업문의 nvccenter@krnvc.org 02-391-5585
후원문의 nvc@krnvc.org 02-6085-5581
수강문의 nvc123@krnvcedu.com 02-325-5586
출강의뢰 workshop@krnvcedu.com 02-6085-5585
출판 및 판매 books@krnvcbooks.com 02-3142-5586
홈페이지 www.krnvc.org Fax 02-6008-5585
주소 (03035) 서울특별시 종로구 자하문로17길 12-9, 2층

비폭력대화 Nonviolent Communication

마셜 B. 로젠버그 지음 | 캐서린 한 옮김 | 한국NVC센터 | 18,000원

Nonviolent Communication: A Language of Life(3rd edition)의 번역서. NVC의 기본 개념, NVC 모델, 프로세스 등이 자세히 나와 있는 기본 텍스트다. 2004년에 나온 초판의 개정증보판으로, 디팩 초프라의 머리말과 '갈등 해결과 중재'를 다룬 제11장이 새로 추가되었다.

비폭력대화와 사랑
Being Me, Loving You

마셜 B. 로젠버그 지음 | 이경아 옮김

사랑이란 우리가 다른 사람에 대하여 느끼는 감정, 그것도 강렬한 감정이라고 생각하는 사람이 많다. 마셜 로젠버그가 사랑을 그와 전혀 다르게, 그리고 삶을 풍요롭게 하는 방식으로 이해하도록 우리를 돕는다.

갈등의 세상에서 평화를 말하다
Speak Peace in a World of Conflict

마셜 B. 로젠버그 지음 | 정진욱 옮김 | 캐서린 한 감수 | 한국NVC센터 | 12,000원

NVC의 원리를 적용해 자기 내면에서, 타인과의 관계에서, 그리고 다양한 사회조직 안에서 발생하는 갈등과 문제를 평화적으로 해결하는 방법을 알려 준다. 실제 사례와 연습 중심으로 구성된 실천 지침서.

삶을 풍요롭게 하는 교육 Life-Enriching Education

마셜 B. 로젠버그 지음 | 캐서린 한 옮김 | 한국NVC센터 | 13,000원

교육 현장에서 교사와 학생들이 비폭력대화를 통해 자율성과 상호 존중을 배울 수 있는 학습 환경을 만들어 가는 방법을 보여 준다. 라이앤 아이슬러가 서문을 쓰고, P.E.T.의 토머스 고든이 추천하는 책이다. 교사들을 위한 비폭력대화.

비폭력대화(NVC) 작은책 시리즈 ❶

자녀가 '싫어'라고 할 때 Parenting from Your Heart

인발 카스탄 지음 | 김숙현 옮김 | 캐서린 한 감수 | 한국 NVC센터 | 9,800원

부모와 자녀들에게 NVC가 실제로 어떻게 도움을 줄 수 있는지 소개하고 있다. 힘든 상황에서도 서로 신뢰를 쌓고 협력을 증진할 수 있는 방법을 제시한다.

비폭력대화(NVC) 작은책 시리즈 ❷

우리 병원 대화는 건강한가? Humanizing Health Care

멜라니 시어스 지음 | 이광자 옮김 | 캐서린 한 감수 | 한국NVC센터 | 12,000원

환자를 더 잘 돌보고, 의료 기관에 종사하는 모든 사람들이 건강하기 위해서 병원의 권위적인 문화를 어떻게 바꾸어 나가야 하는지 자세히 알려 준다. 실제 병원에서 NVC가 가져온 효과를 보여주고 있다.

비폭력대화(NVC) 작은책 시리즈 ❸

정말 배고파서 먹나요? Eat by Choice, Not by Habit

실비아 해스크비츠 지음 | 민명기 옮김 | 캐서린 한 감수 | 한국NVC센터 | 11,000원

NVC 프로세스를 적용해 음식을 먹는 패턴 뒤에 있는 정서 의식을 더 깊이 탐구할 수 있도록 도와준다. 음식과 더 건강한 관계를 맺는 실질적인 방법을 제시한다.

비폭력대화(NVC) 작은책 시리즈 ❹

비폭력대화NVC와 실천적 영성 Practical Spirituality

마셜 B. 로젠버그 지음 | 캐서린 한 옮김 | 한국NVC센터 | 8,000원

비폭력대화의 영적인 기반에 대한 마셜 로젠버그의 간결하고 즉흥적인 설명을 담고 있다. 자신과 다른 사람 안에 있는 신성과 연결하고, 공감과 연민의 세상을 만들어 내기 위한 영감을 받을 수 있을 것이다.

자칼 마을의 소년 시장 Mayor of Jackal Heights

리타 헤이조그, 캐시 스미스 지음 | 페기 파팅턴 일러스트 | 캐서린 한 옮김
한국NVC센터 | 9,000원

비폭력대화의 개념을 동화로 표현한 작품이다. 서로의 차이를 인
정하고 갈등을 평화롭게 해결하기 위한 비폭력대화의 핵심을 재미
있게 표현하고 있다.

마셜 로젠버그 박사의
비폭력대화 입문과정 DVD

한국NVC센터 | 한글/영어 자막, 1세트 2DVD | 45,000원

마셜이 진행한 NVC 입문과정 워크숍 The Basics of Nonviolent
Communication을 녹화한 것이다. NVC를 처음 배우는 사람에게
훌륭한 기본교재일 뿐만 아니라, 이미 알고 있는 사람에게도 깊이
있게 이해하는 데 도움이 된다. 마셜이 기타를 치면서 노래도 하며
실제 사례를 들고 있어 재미있게 배울 수 있다.

비폭력대화 공감카드게임 그로그(GROK)

한국NVC센터 | 30,000원

느낌카드 한 묶음, 욕구카드 한 묶음, 여러 가지 게임에 대한 설명
서가 들어 있다. 자신의 욕구를 더 명확하게 인식하고, 쉽게 상대방
에게 공감할 수 있으며 모임에서 놀이하듯 활용할 수 있다. NVC를
모르는 사람, 특히 아이들과 NVC를 나누는 데 효과적이다.

NVC 느낌욕구 자석카드

한국NVC센터 | 45,000원

느낌 자석카드 50개, 욕구 자석카드 50개가 들어 있다. 어린이, 청
소년들의 학교 현장, 각종 교육기관, 가정 등에서 자신을 솔직하게
표현하고 다른 사람에게 공감하는 것을 배울 수 있는 교육 교재로
교육, 상담, 놀이에 활용할 수 있다.

기린/자칼 귀 머리띠(Ears)
개당 10,000원

기린/자칼 손인형(Puppets)
개당 15,000원

손인형과 귀 머리띠 세트 (각 1개씩 총 4개 한 세트) 세트 40,000원

만해마을 집중심화 DVD(한국어 통역)

로버트 곤잘레스, 수잔 스카이
세트 250,000원(비참가자) 200,000원(참가자)
낱개 20,000원(비참가자) 15,000원(참가자)

2007년 5박 6일간 한국NVC센터 주최로
인증지도자인 로버트 곤잘레스와 수잔 스카이를
초청해서 진행한 집중심화 훈련을 DVD로 정리한 것이다.

1. 집중심화 훈련 소개와 트레이너, 참가자 소개
2. NVC의 기본
3. Need에 대하여, Living Energy로 말하기
4. 공감에 대하여—수잔 스카이
5. 공감에 대하여—로버트 곤잘레스
6. 충족되지 않은 욕구의 아픔을 욕구의 아름다운 힘으로 바꾸기(시범)
7. 충족되지 않은 욕구의 아픔을 욕구의 아름다운 힘으로 바꾸기(실습)
8. 지배 체제와 파트너십 체제
9. Power-under와 Power-over(지배를 당하기, 지배하기)
10. 거절하기와 거절 받아들이기—수잔 스카이
11. 자극받는 말이나 행동—로버트 곤잘레스
12. 솔직하게 표현하기—수잔 스카이
13. 욕구가 갈등하고 있는 것처럼 보일 때—로버트 곤잘레스
14. Closing 1
15. Closing 2